EDITION SHERSHIR

COLEMAN BARKS ist ein bekannter amerikanischer Dichter und Autor der Bestseller *The Essential Rumi, The Soul of Rumi,* und von *Rumi, The Book of Love.* Er unterrichtete während dreissig Jahren Englisch und Dichtung an der University of Georgia. Heute ist er stark mit Schreiben, Lesungen und Aufführungen beschäftigt.

JOHN MOYNE ist Gelehrter der Persischen Sprache und emeritierter Professor der City University of New York. Er hat einen Ph.D von der Harvard University in Linguistics and Near Eastern Languages and Literature. John Moyne hat bei vielen Übersetzungen von Gedichten von Rumi mit Coleman Barks mitgewirkt.

DAS VERSENKTE BUCH

Ekstatische und weltliche
Betrachtungen von Bahauddin,
dem Vater von Rumi

Coleman Barks und John Moyne
Übertragung ins Deutsche von Peter Finckh

EDITION SHERSHIR

Für Väter, für Alternde
und für die Freiheit, nichts zu wissen

Barks and Moyne: The Drowned Book

First published by Harper Collins, 2004
ISBN 0-06-059194-3

Erste Auflage 2012

info@shershir.ch, www.shershir.ch
Umschlag: Goldroter Travertin aus Azarshahr, Iran
Foto: Peter Finckh

Gestaltung: Manuskript-Oase, Zürich
Herstellung: Books on Demand GmbH, Norderstedt

ISBN 978-3-906005-00-3

INHALT

1 Die Einträge in Bahauddins *Maarif* haben keine Titel. Sie wurden für Referenzzwecke hinzugefügt.

BUCH ZWEI

BAHAUDDIN'S *MAARIF*

Dieses Buch führt den Leser in eine Schrift ein, die als *Maarif*[1] bekannt ist, geschrieben von Bahauddin Valad (1152–1231), dem Vater des mystischen Poeten Rumi. Das *Maarif* ist eine Sammlung von visionären Einsichten, Fragen und Antworten, Gesprächen mit Gott, Kommentaren zu Passagen des Korans, Geschichten, poetischen Sequenzen, schlagartigen Erkenntnissen, medizinischen Ratschlägen, gärtnerischen Hinweisen, Traumberichten, erotischen Episoden und Spekulationen zahlreicher Art. Ein mystischer Komposthaufen, möge er gedeihen und die Leser nähren.

Ausser Schams von Täbris, Rumis glühendem Freund, hatte vielleicht niemand mehr Einfluss im Schärfen von Rumis Aufmerksamkeit als Rumis Vater. Eine von zahlreichen Legenden bezieht sich auf dieses Buch, das *Maarif*. Rumi sitzt bei einem Brunnen in Konya und spricht zu Studenten. Bahauddins Tagebuch liegt offen auf der Brunnenkante. Schams unterbricht und stösst dieses und andere wertvolle Texte ins Wasser.

---

1 *Maarif* kann hier als allgemeiner Begriff für »Belehrungen« oder »Ideen« verwendet werden, oder er kann esoterische Bedeutung haben, wie wir später ausführen werden. Der Text mit den plötzlichen Anfängen und Beendigungen vermittelt den Eindruck von Notizen, die während eines Rückzugs gemacht wurden. Es gibt darin keinen Fluss einer Rede oder die geschwätzige Täglichkeit eines Tagebuchs. Die bekannte Rumi-Kennerin Annemarie Schimmel, die in Harvard unterrichtete, wo John Moyne bei ihr studierte, und an der Bonner Universität, nannte es »tagebuchähnlich«. Schimmel starb 2003. Sufis lieben Rückzüge, die Ergänzung von »in die Stille gehen« und »fern der Gesellschaft sein«. Bahauddins Hinterfragungen und Erklärungen vermitteln den Geschmack, aus einer Übung heraus entstanden zu sein. Franklin Lewis sagt, dass es für einen Sufi-Meister dieser Zeit nicht unüblich ist, eine persönliche Aufzeichnung seines inneren Lebens anzufertigen, ohne die Absicht, es als Buch verfügbar zu machen.

»Warum tust du das?«, fragt Rumi und protestiert, da dieses Exemplar des Tagebuchs seines Vaters das einzig existierende ist.

»Es ist für dich Zeit, dass du das lebst, was du gelesen und worüber du gesprochen hast. Wenn du willst, können wir die Bücher wieder herausfischen. Sie sind vollkommen trocken, siehst du?« Er hob Bahauddins Buch heraus: »Trocken.«

Es gibt also in der Verwandlung von Rumi einen mächtigen Schnittpunkt zwischen Schams und Bahauddin, obwohl sie in Wirklichkeit einander nicht kannten. Bahauddin starb (1231), bevor Schams und Rumi einander trafen. Beide sind leidenschaftliche, kühne, ursprüngliche Mystiker. Sie sprachen vertraut und sinnlich über Freundschaft mit dem Göttlichen. Keiner ist ein Dichter, aber Bahauddin meisselt das heraus, was Annemarie Schimmel »enorm glühende, ehrfurchtgebietende Felsen persischer Prosa, deren Textstellen von wunderlich sinnlichen Bildwerken seine intensive Liebe zu Gott ausdrücken« nennt, und Schams betreibt durch seine Ansprachen ein leidenschaftliches, widersprechendes, scherzhaftes Hin und Her.[2]

Rumi erzählt in einer kleinen Episode in Gespräch #10 von dem Besuch eines offiziellen Regierungsbeamten bei seinem Vater. Bahauddin sagt ihm, dass er sich nicht so viel Mühe hätte machen sollen.

»Ich bin verschiedenen Zuständen unterworfen. In einem Zustand kann ich sprechen, in einem anderen spreche ich nicht. In einem anderen kann ich die Geschichten anderer Leben hören und darauf antworten. Und in einem weiteren ziehe ich mich in mein Zimmer zurück und sehe niemanden. Und in einer weiteren Versenkung in Gott bin ich

---

2 Siehe William Chitticks neue Übersetzung des *Malaqat* mit dem Titel *Me and Rumi: The Autobiography of Shemsi Tabriz* (Louisville, KY: Fons Vitae Press), 2004

völlig zerstreut und unfähig, mich mitzuteilen. Es ist für Sie ein zu grosses Risiko hierherzukommen, in der Hoffnung, dass ich einem Gespräch hinreichend zugetan wäre.«

Bahauddin lebt in seiner ungeheuerlich souveränen Seele. Unterschiedliche Abstufungen der Hingabe überkommen ihn wie das Wetter. Er hat keine persönliche Kontrolle darüber, wann er fähig ist, Ratschläge zu geben oder Freunden zu antworten, immer mit seinem wilden Innenleben in Zurückgezogenheit weilend. Diese mächtige Spontaneität könnte mehr sein, als ein Besucher ertragen könnte. Man fühlt den schonungslosen Druck der Ehrlichkeit in seinen Einträgen. Was auch immer er sonst noch sein mag, Bahauddin ist authentisch er selbst.

Ein ähnlicher Vorfall. Eines Tages finden seine Schüler ihn in einem Zustand der Verzückung. Sie sind für die Abendgebete zu ihm gekommen. Er achtet nicht auf sie, sondern verharrt in seiner stillen Ekstase. Zwei Schüler setzen sich neben ihn in der Hoffnung, in den gesegneten Zustand einzutreten. Die anderen wenden sich gegen Mekka und beginnen, mit dem Imam zu beten. Khavjegi ist einer der Letzteren, aber während des Gebetes öffnet sich sein inneres Auge, und er erkennt, dass jene, die sich körperlich in Richtung Mekka gewandt haben und mit dem Rücken gegen Bahauddin sind, in Wirklichkeit sich vom Licht Gottes abgewendet haben, während diejenigen, die sich mit Bahauddin in sein *samadhi* setzten, zeigten, wie ernsthaft sie im Licht verzehrt werden wollten, da er das göttliche Gebot befolgte, zu *sterben, bevor man stirbt.*

Bahauddin wurde etwa 1152 geboren und starb in Konya im Jahr 1231. Sein Vater, Jalaluddin Hosayn, starb, als Bahauddin zwei Jahre alt war. Die Familiensage überliefert, dass seine Mutter ihn an der Hand nahm und in die Bibliothek führte, die von Hosayns Vater, Ahmed al-Khatibi, stammte. »Es war für diese Werke, dass ich deinem Vater zur Ehefrau gegeben wurde. Durch das Lesen dieser Werke erhielt dein Vater die spirituellen Kenntnisse, die ihm einen solch ehrenhaften Platz in der islamischen Welt gaben.« Bücher bildeten in dieser Familienlinie ein mächtiges Fundament der Entwicklung, und es war für die Familie sehr bedeutend, dass der Funken des mystischen Bewusstseins durch eine Frau entzündet wurde. Durch diesen Anfang wurde Bahauddin als »König der gelehrten Männer, Sultan des mystischen Wissens« bekannt.[3]

Zur Zeit von Rumis Geburt im Jahr 1207 war Bahauddin in Balkh in einen mächtigen Streit verwickelt, eine Auseinandersetzung, die schon mindestens 100 Jahre andauerte. Vereinfacht gesprochen, ging es um die Argumente zwischen Mystikern und Philosophen, zwischen jenen, die auf spirituelle Erfahrungen sich beriefen, und jenen, die überlieferten, doktrinären Gedanken folgten.

Ghazzali (gest. 1111) begann die Auseinandersetzung mit seinen Angriffen auf die aus Griechenland stammende rationale Philosophie. Bahauddin hatte Ghazzalis Werk studiert. Der Philosoph Fakhruddin Razi war sein grosser Gegner. Beide waren Freunde des Königs. Razi beschuldigte Bahauddin, sich einen Teil der Macht des Königs aneignen zu wollen. Die Geschichte sagt, dass der König Bahauddin die Schlüssel zu seiner Schatzkammer und zu seiner Krone sandte. Bahauddin antwortete, dass er an keinem materiellen Aspekt von Macht interessiert sei und dass er ohne weiteres das Land verlassen würde, um jedes Gerücht über seine Absichten zu zerstreuen. Es war wahrscheinlich zu dieser Zeit, im Jahr 1212, als Rumi fünf Jahre alt war, dass Bahauddin mit seiner Familie ins freiwillige Exil nach Samarkand ging. Später kehrten sie nach Balkh zurück, und 1219 begannen sie die Reise, die sie über Nishapur, Baghdad, Mekka,

---

3 In einer Geschichte wird erzählt, dass zahlreiche Heilige und Gelehrte in Balkh denselben Traum in derselben Nacht hatten: dass ein strahlendes Wesen Bahauddin den Titel Sultan ul-Ulema verliehen hätte (siehe Eintrag 1:188–189). Rumis ältester Sohn, Sultan Valad, wurde nach seinem Grossvater genannt.

Damaskus, Laranda und schliesslich nach Konya führte. Bevor sie Balkh verliessen, hielt Bahauddin vor dem König und einer grossen Versammlung eine Predigt, worin er die Zerstörung von Balkh durch mongolische Armeen und die Abschaffung der Monarchie voraussagte, was alles im folgenden Jahr 1220 auch eintrat.

Allaudin Kayqubad, der aufgeklärte Seldschuken-Herrscher dieser als Rum bekannten Region, lud Bahauddin nach Konya ein, wo für ihn eine Schule gebaut wurde. Nach nur zwei Jahren als geistiges Oberhaupt der Gemeinde Konya verstarb Bahauddin im Alter von fast achtzig Jahren. Der Sultan setzte seinen Sohn Jalaluddin an diese Position. Rumi war 24 Jahre alt.

Rumis Exemplar des *Maarif,* das ursprüngliche versenkte Buch, wurde nie gefunden. Die Ausgabe des *Maarif* von Furuzanfar in Persisch, das unsere Grundlage ist, existiert in zwei Bänden mit insgesamt 914 Seiten, und so kann die Auswahl, die wir hier vorstellen, nur einen repräsentativen Einblick in das sehr umfassende Werk geben, das Rumi so sehr liebte. Er schien es so ausgiebig studiert zu haben, dass er es auswendig kannte. In einer Geschichte wird erzählt, dass er das *Maarif* seines Vaters eine ganze Nacht lang vortrug, ohne den Text vor sich zu haben, während ein Schüler das Diktat aufnahm und ein anderer die Tinte auf den Seiten vor einem Feuer trocknete. Der grosse Gelehrte Henri Corbin sagt: »Die umfassende Sammlung von mystischen Predigten des ehrwürdigen Scheichs Bahauddin, das *Maarif,* darf nicht vernachlässigt werden, wenn wir die spirituelle Lehre seines Sohnes verstehen wollen.« Wir können davon ausgehen, dass das Buch seines Vaters vom Zeitpunkt von Bahauddins Tod an bis zum Treffen mit Schams der ständige Begleiter von Rumi war, ein Zeitraum von etwa 13 Jahren. Schams beharrte mehrmals darauf, dass Rumi seine Abhängigkeit von Bahauddins Worten aufgeben, sogar nicht mehr davon träumen solle. Schams konnte in Rumis Traumzustände eintreten.

Das *Maarif* war im 13. Jahrhundert ein ausserordentlich seltener Text, der nur in wenigen Exemplaren sowie in Rumis Gedächtnis existierte. Er wurde nie für die allgemeine Leserschaft veröffentlicht und kursierte, wenn überhaupt, nur als persönliches Dokument. Zwischen damals und heute waren die *Maarif*-Manuskripte nie so »verloren«, wie die Schriftrollen des Toten Meeres der Kenntnis entzogen waren, sondern sie blieben in den Regalen der Bibliotheken für mehrere Jahrhunderte unbemerkt. Es gibt eine vergriffene Übersetzung auf Deutsch,[4] aber sie ist nicht weit bekannt, und A. J. Arberry nahm 20 Einträge aus dem *Maarif* auf in seine *Aspects of Islamic Civilization as Depicted in the Original Texts*.[5]

Möglicherweise waren einige der notizenähnlichen Einträge nur als Gedankenstützen für Bahauddin selbst gedacht, Themen, die er später in seinen Ansprachen ausführen wollte, Denkzettel, die den Gartenbau betrafen, verschiedene Heilmittel. Er würde wohl nicht erwartet haben, dass jemand diese Texte lesen würde. Andere Einträge vermitteln eindeutig den Eindruck einer prophetischen Mitteilung, die Erinnerungen an die letzten, wunderschönen Abschnitte des Korans wecken, kurze Geistesblitze von Erkenntnissen über besondere Bilder oder Vorgänge: Nachmittag, Morgenröte, Feige, Blutgerinnsel, Nachtstern, Vormittag. Diese sind Titel von Suren aus dem Koran. Im *Maarif* können die Themen sein: pflanzliche Erneuerung, Verdauung und der Kern allen Verlangens in all unseren Bedürfnissen. Bahauddin betet offen an einer Stelle (*Maarif* 1:151–153) um den Empfang heiliger Texte für die weitere Vermittlung. Wir hoffen, dass wir die grossartige Kühnheit dieser Abschnitte erfasst haben, die beiläufige Alltäglichkeit anderer und die saftige Fülle der offenkundigeren Texte.

---

4 Fritz Meier, *Baha'-I Walad: Grundzüge Seines Lebens und Seiner Mystik* (Leiden: E. J. Brill, 1989)

5 A. J. Arberry, *Aspects of Islamic Civilization as Depicted in the Original Texts* (New York: A. S. Barnes, 1964), pp. 227–255

Was dem Leser bei diesen Einträgen in Bahauddins Buch unmittelbar auffällt, ist ihr überraschendes Eintauchen in die Welt des Begehrens. Er betet darum, dass sein heftiges Verlangen intensiver werde. Er fühlt das Göttliche in sich in Bewegung, wenn die Energie des Begehrens in ihm stärker wird. Er erinnert in dieser Hinsicht an William Blake. *Energie ist ewiges Entzücken. Ewigkeit ist verliebt in die Erzeugnisse der Zeit.* Da ist in Blake und Bahauddin eine Weisheit der Energie. Was den Körper ernährt, ernährt auch die Seele. *Ohne Gegensätze ist kein Fortschritt.* Bahauddin betet deutlich und oft darum, dass seine Bedürfnisse geschärft werden. Er meint damit, das Leben des Körpers von ganzem Herzen und so bewusst wie möglich zu leben. *Es ist besser, einen Säugling in seiner Krippe zu töten, als ungelebte Begehren zu nähren.*[6]

Annemarie Schimmel spricht von der »bizarr sinnlichen Bilderwelt« von Bahauddins Tagebuch. Der Rumi-Wissenschafter Franklin Lewis nannte einige dieser Einträge »psychedelisch«[7]. Wir betrachten diese Eigenartigkeit als ein Zeichen von Bahauddins bester Gesundheit. Rumi sagt, dass Form selbst ekstatisch ist, dass allein schon eine Gestalt und Wahrnehmungsvermögen zu haben ein Zustand wahrer Verzückung ist. Bahauddin sagt, dass auf alle möglichen Arten bewusst zu sein – sowohl in unseren transzendenten, mystischen Visionen wie auch in unseren Ängsten vor Autoritäten, sowohl in ekstatischen Gebeten wie auch in Zorn und bei Ärgernissen, sogar in epileptischen Anfällen –, also in jeder Form von Bewusstsein sich Gottes Gegenwart ahnen lässt. Wir würden Bahauddin einen *saftvollen* Mystiker nennen – womit wir meinen, dass er den

---

6 Alle kursiven Zitate in diesem Abschnitt stammen aus »The Marriage of Heaven and Hell«, Blake, Complete Writings, Oxford University Press, 1966, pp. 148-158

7 *Rumi: Past and Present, East and West* (Oxford: Oneworld Publications, 2000), p. 85

verschiedenen Intensitäten eines liebenden und menschlichen Bewusstseins in Liebe zugetan ist. Bahauddin liebt die Saftigkeit des Körpers und *dadurch* die Vereinigung mit Gott. Er liebt den Geschmack des menschlichen Austauschs und den strahlenden Glanz von allem, was geschieht. Eines frühen Morgens unterbricht das Bellen eines Hundes seine Kontemplation. Ein Hund bellt im 13. Jahrhundert, und wir hören es (1:381–382). Die wenigen Geschmacksproben, die er uns aus dem Dorfleben von vor 700 Jahren gibt, sind vorzüglich und greifbar.

Für Bahauddin ist es wichtig, Klarheit des Seins und starkes Verlangen zu haben, weil sie eine reichere Manifestation des Göttlichen ermöglichen. Das Schwingen der Lebenskräfte gestattet es Gottes Gegenwart, darin eindrucksvoller lebendig zu sein. *Ich war ein versteckter Schatz und mich verlangte danach, erkannt zu werden,* sagt ein islamischer Hadith. Bahauddin sagt, dass der Wunsch des Göttlichen nach Selbsterkenntnis aus der Lebendigkeit unseres Verlangens kommt.

Eines der überraschendsten Beispiele dafür ist im *Maarif* 1:327–329, Bahauddins Erzählung von dem Morgen, als er aufwacht und die Tochter des Richters Sharaf will. Sie ist zwar eine seiner Ehefrauen, so wie Bibi Alawi in einer ähnlichen Erzählung, 1:381–382. Doch sind es nichtsdestoweniger kühne und lüsterne Notizen für ihre Zeit, und vielleicht auch für die unsere. Professor Furuzanfar in seiner Edition des *Maarif* von 1950 liebt die Kühnheit dieser persönlichen Enthüllungen, ihre Ehrlichkeit und Stärke, aber er deutet auch an, dass diese Kommentare des grossen Mystikers vielleicht mit seiner Stellung nicht vereinbar waren. »Wir müssen uns daran erinnern, dass Baha Valad [Bahauddin] ein bedeutender Führer der Muslime war. Er war sowohl für Predigten und Unterricht zuständig als auch oberster Jurist und Schiedsrichter in religiösen Fällen. In seiner Verantwortung lag die Richtungsgebung und die Verfeinerung des äusseren und moralischen Verhaltens von zahlreichen Anhängern.«[8] Wir hingegen sehen in seiner sexuellen Offenheit viel eher die Kraft einer Ehrlichkeit vor Gott, die jede Konvention überwindet. Bahauddin ist im Ausdruck seines Glaubens nackt, und so auch in seinem Leben. Seine Glaubwürdigkeit ist seine Grossartigkeit.

Der Titel *Maarif* mag auch implizieren, dass diese Abschnitte dem Zustand von *marifat* entspringen. Bawa Muhaiyaddeen[9] sprach häufig über die vier Stufen der Erleuchtung, welche *shariat, haqiqat, marifat* und *sufiyat* genannt werden. *Marifat* ist die Vollendung dieser Stufen, *sufiyat* vollkommen jenseits davon. Wir werden nie Notizen von *sufiyat* erhalten: Über diesen Bereich des Bewusstseins kann nichts *gesagt* werden.

Marifat bedeutet Gnosis, Gotteskenntnis, das Wissen, welches vom ursprünglichen Licht kommt, das den Menschen gegeben wurde und von welchem gesagt wird, dass es in der Mitte der Stirn konzentriert ist. Die Konzentration auf diesen Punkt führt zu einem Treffen mit dem Führer deiner Seele. *Marifat* ist das Zusammenhalten der Unendlichkeit in einem Individuum, das im Ozean treibt und mit den Wellen sich bewegt. Kein Tag und keine Nacht, keine Geburt und kein Tod, nur reine Subjektivität des Ganzen. Daher die häufige Erwähnung von Blumen bei Bahauddin. Blumen wissen ohne Subjekt-Objekt-Dualität. *Marifat* entsteht durch Gegenwärtigkeit, das ganze Energiefeld und seine Form, das Blühen der Blume und ihr Duft.

Marifat ist ein Schnittpunkt, wo Rumi und Schams einander in die Augen schauen. Moses' Bitte am Sinai, Gott

---

8 Badi-uz-Zaman Furuzanfar, *Maarif: A Collection of Preaching and Sayings of the King of the Erudites, Bahauddin Muhammad Hossain Khatibi of Balkh Known as Bahauddin*, vol. 1 (Teheran: Zahuri Books, 1974), pp. d–h (4 – 5)

9 Der Lehrer von Coleman Barks. Er starb im Dezember 1986. Von den verfügbaren Büchern könnte die beste Einführung zu Bawa Muhaiyaddeen sein: *Questions of Life, Answers of Wisdom*, vol. 1 (Philadelphia: Fellowship Press, 1987)

von Angesicht zu Angesicht zu schauen, ereignete sich am Übergang von *marifat* zu *sufiyat*, so wie Mohammeds Nachtreise und das Letzte Abendmahl von Jesus. Wir fühlen es in Bahauddins anhaltender Bitte, das Göttliche nicht nur zu treffen, sondern es zu werden, und auch in dem Moment, als Schams das Buch von Rumis Vater in den Brunnen stösst und damit sein Vertrauen in schriftliche Weisheit bricht.

»Mystik« ist ein vager, ungenauer Begriff, aber er bezieht sich auf etwas. Mystiker selbst fühlen sich mit Etikettierungen und mit der Sprache im Allgemeinen unwohl. Hartnäckig berufen sie sich auf Erfahrungen, sie sprechen vom Schmecken und vom Einfangen eines Duftes des Unbeschreiblichen. Bawa Muhaiyaddeen wurde einst gefragt, wie es sich anfühle, er zu sein. Er machte leichte schlürfende Geräusche wie ein saugendes Kleinkind. Mystiker haben eine Art zu sein und zu wissen, die in Büchern nicht zu finden ist. Es ist ein Geschmack und ein Duft, hervorgerufen durch das Gegenwärtigsein und durch die Sinne. Es tritt so auf, wie wir miteinander umgehen. »Gottes Geheimnis wird darin erzählt, wie wir lieben.«

Rumi sagte, dass sein Vater »aus einer langen Linie von tief mystischen Seelen kam, die seltene und feine Kernpunkte weitergaben« (Rede #16), Geheimnisse, die weder durch Dichtung noch durch Worte vermittelt würden, sondern am besten durch den Weg des Rückzugs und der Öffnung für das Gegenwärtige, durch inneren Dialog, das Gespräch und die Übungen, durch die dieses Buch entstanden ist. Die Sufis in der Zeit von Bahauddin spürten, dass die tiefste Übermittlung nicht durch Bücher erfolgt, sondern durch unmittelbares Gegenwärtigsein.

> Das Buch des Sufis ist, wie wir sprechen
> zusammen in frischem Schnee, dem reinen Herz.[10]

---

10 Diese beiden Gedichtzeilen werden ohne Referenz in Bad-uz-Zaman Furu-

Bahauddin war überall in der Region hauptsächlich für seine täglichen Ansprachen bekannt, in denen er offen den herrschenden König und mächtigen Philosophen und Berater Fakhr-e Raz angriff. Führende Theologen und erfahrene Juristen kamen von weit her, um ihn zu hören. Diese Reden wurden als sein wirkungsmächtigster Vermittlungsweg angesehen. Die seltenen, in arbeitsintensiver Zeit entstandenen und von Hand kopierten Sammlungen seiner Aussagen *(Maarif)* waren Esoterika, zum Gebrauch nur für die Augen weniger bestimmt und bis zur vorliegenden Sammlung im Westen praktisch in keiner Form erhältlich.

Rumi bedauerte, dass er an einem Ort endete, der ihm den Namen gab, wie wir ihn kennen, in der Stadt Konya in Rum, im römisch beeinflussten Anatolien, wo, wie er sich beklagt, es keine fortgesetzte Familienlinie wie bei seinem Vater gibt, so dass er, Rumi, *Gedichte* verfassen muss, um seine Zuhörer zu *unterhalten*. Er fühlt sich wie ein Koch, der im Gegensatz zu seinen Gästen Kutteln nicht mag, so dass er seine Hände in die widerlichen Eingeweide stecken muss, um sie zu waschen und das Gericht zuzubereiten, das er verabscheut, wodurch die wunderschönste *mystische* Poesie entstand, die je kredenzt wurde.

Was wir in diesem Tagebuch als so schön empfinden, ist die Leichtigkeit und Vollständigkeit, eine leutselige Ungezwungenheit zwischen Göttlichem und Menschlichem, die Freundschaft, eine unbestimmbare, unbeschreibliche *Gegenwärtigkeit* oder ein Mit-Sein *(ma'iyat)*, eine Nähe, welche durch alle Wesen fliesst. *Mit dir, wo immer du auch bist,* sagt der Koran 57:4. Wir hören die unerklärliche, aber echte Verschmelzung von Bezeichnungen. N. J. Dawood sagt zu diesem Phänomen in der Einführung zu seiner Koranüber-

---

zanfars *Life of the Mowlana Jalal ud-Din Muhammad Known as Mowlavi,* 4. Ausgabe (Teheran: Zavvar Books, 1982), p. 32, zitiert. Unseres Wissens wurde diese Biographie von Rumi noch nicht ins Englische übersetzt.

setzung: »Gott spricht in der ersten Person in der Mehrzahl, was häufig im Verlauf desselben Satzes in die Form der ersten, aber auch der dritten Person in der Einzahl wechselt.«[11] Bahauddin wechselt auch in manchen Passagen im *Maarif* nahtlos vom persönlichen *Ich* zum göttlichen *Wir* (des Korans) und dann zurück zum persönlichen Pronomen. Dieses Fliessen ist Teil von Bahauddins Beitrag zur Mystik. Sein Text ist eine Zusammenführung von Identitäten, ein Strauss von Stimmen. Wir berücksichtigen dies mit der drastischen Behandlung von Anführungszeichen innerhalb seines Textes, indem wir sie meistens weglassen. Es gab im 13. Jahrhundert im Persischen des *Maarif* keine Anführungszeichen (Anführungszeichen erscheinen erst im modernen Farsi). Wir sind aber unbedingt der Meinung, dass das Geheimnis, wer der Sprechende ist und wer der Angesprochene, wichtiger ist als die Berücksichtigung heutiger Zeichensetzungsregeln. Bahauddin in seinen verschiedenen Erscheinungen seines Selbst (siehe 1:277–278) weiss manchmal nicht, wer gerade spricht. Das Geheimnis geht durch ihn hindurch und bleibt unbenannt. Der Freund hilft bei Bahauddins unmittelbar nachfolgendem Text. Sufis sagen, Gott reitet auf dem Ausatmen als sichtbare, manifeste Welt und Existenz, während er beim Einatmen die Nichtexistenz, das Versteckte, unsichtbare Universum (Inspiration) ist.

Bahauddin steht vor uns als ein mehrdimensionaler Verknüpfungspunkt, nicht als ein Dichter, aber als ein Erzeuger wilder Artikel, nicht als ein in sich schlüssiger Theologe, aber als ein brillianter Entzünder von Bildern im Dunkel des Nichtwissbaren.

Nachdem wir die exzentrische Originalität von Bahauddin betont haben, müssen wir die andere, die vernünftigere, vielleicht die praktischere, die konventionell religiöse Seite ansprechen. Diese Seite ist nicht sein ursprüngliches Energie-

---

11 N.J. Dawood, trans., *The Koran* (New York: Penguin, 1956), p. 1

feld, aber um Bahauddin angemessen vorzustellen, müssen wir Abschnitt 1:150 anführen. Hier einige Sätze daraus: »Die Bedeutung von Verehrung ist diese: Wir widerstehen dem Drängen des Physischen, damit wir die Grossartigkeit des Nichtoffenbaren erleben … Entweder stehst du und handelst aus deiner Seele und aus deinem Herzen, oder dein Leben fliesst aus der animalischen Seele, der *nafs,* deiner Lust und Gier, die Eigenschaften von dem sind, was stirbt und was nicht aufgibt, um die mitfühlende Gnade zu empfangen.«

Wir hatten erwogen, diesen Eintrag wegzulassen, insofern er ein starker Ausdruck der gängigen Unterteilung in Körper und Seele ist, die William Blake so hasste. Wir verstehen Bahauddin in Begriffen von Blake, aber weniger revolutionär.[12] Blake meinte, dass eine Körper-Seele-Unterteilung, so wie sie hier angeregt wird, der Ursprung vielerlei Qualen, sexueller Unterdrückung und der Zerstörung von Freude ist. Wir stimmen damit überein, aber es gibt noch eine andere Seite. Menschliche Wesen *haben* Lüste und Begierden, Fressgelüste und Trägheiten, die ihren eigenen kraftvollen, profaneren Urhebern gehorchen. Das führt uns manchmal an Orte, die niemand mit dem Ort der Seele verwechseln würde. Es *gibt* Fehler, die wir machen können, auch wenn wir andere Stimmen hören, die von der Intuition, der Seele und dem Herzen kommen. Der Konflikt und die angedeuteten *Grenzen,* die dieser Eintrag anspricht, sind real. Der Körper verlangt Disziplin, um die Seele aufrichtig und tief verkörpern zu können. Der jüdische Theologe und Philosoph Abraham Heschel schrieb in seinem Werk *God in Search of Man:*

> Wir dürfen weder den Körper verächtlich machen noch den Geist opfern. Der Körper ist die Schulung, das Muster, das

---

12 Der englische Dichter William Blake (1757 – 1827) lebte 600 Jahre nach Bahauddin.

> Gesetz; der Geist ist unsere innere Entwicklung, unsere Ungezwungenheit, unsere Freiheit. Ein Körper ohne Geist ist eine Leiche, und ein Geist ohne Körper ist ein Gespenst.[13]

Bahauddin hat sich wohl, wie so oft, in 1:150 an eine spezielle Person gewandt, eine, die praktischer Orientierung von religiös abgesegneten Grenzen bedarf, so dass die Wahrheit nur teilweise sein kann. Körper und Seele lösen sich in ein einziges Wissen und Wollen auf, und da *gibt* es eine göttliche Subjektivität, die durch die Linse von menschlichem Verlangen schauen kann und dieses Teil des Geheimnisses werden lässt.

Die Seite von Bahauddin, die wir am meisten schätzen, ist seine Liebe für menschliche Energie in jeder Form. Wir hören ihn mit Whitman sagen, dass wir grosse und widersprüchliche Wesen in diesen unbekümmerten und auserlesenen Formen sind. Aber er zieht auch die Klinge des NEIN, die bestimmende Grenze, die uns auf eine andere Art für den Geist öffnet. Beide Haltungen sind wahr, lebendig und notwendig. Sie unterstützen einander. Wir zögern, es zuzugeben, aber Blakes revolutionäre Sprichworte, so weise und herrlich sie sind, sind nicht das vollständige Reisebündel. *Überfluss ist Schönheit. Energie ist ewiges Entzücken.* Nicht immer. Da gibt es einen beträchtlichen Anteil von *dummem* Überfluss und Energien, die entschlossen sind, unser Formen des Seelenbewusstseins zu zerstören. Das Gleichgewicht zwischen Disziplin und Hingabe zu finden ist eine andauernde menschliche Aufgabe, die schlussendliche Lebensfrage. Bahauddin lebt in dieser Frage mit vielen von uns. Und es muss betont werden, dass er den Koran als frommer Muslim *verehrt*. Er kennt den gesamten Text auswendig, und er streut überall Verse daraus ein, wann immer

---

13 Abraham Heschel, *God in Search of Man* (Philadelphia: Jewish Publication Society of America, 1959), p. 341

sie ihm passend scheinen. Es gibt mindestens einen Fall, wo er sagt: »Ein Koran-Vers kommt mir in den Sinn, und obwohl er keine Beziehung zu diesen Ausführungen hat, werde ich ihn zitieren.« Seine Begeisterung für den Koran ist zwingend und echt.[14]

Coleman Barks und John Moyne

---

14 Wenn nicht anders angegeben, beziehen sich alle Referenzzahlen innerhalb des Textes auf den Koran, Sure:Vers. Es muss festgehalten werden, dass Bahauddin selten ganze Verse aus dem Koran zitiert. Er nimmt zu seinem Gedankengang einen Satz oder einige wenige Worte, die bedeutend oder auch nicht bedeutend sind, und schreibt sie in Arabisch.

ANMERKUNG ZUR ÜBERSETZUNG UND DEN VERSIONEN VON *SAMA*

Es gibt gigantische Unmöglichkeiten, mystisches Wissen in Sprache überzuführen. Was durch *Gegenwärtigkeit* übermittelt ist, wird durch sprachliche Vermittlung verzerrt und verwässert. Dies ist noch stärker der Fall beim Übergang von gesprochener Sprache zu geschriebenen Zeichen auf einer Seite.

Ausserdem liegen acht Jahrhunderte zwischen dem Zeitpunkt, dass diese privaten Notizen geschrieben wurden, und heute, wo sie in amerikanischem Englisch (und nun auf Deutsch) Form annehmen und für Leser des 21. Jahrhunderts veröffentlicht werden. Die Schwierigkeiten nehmen zu, aber der Versuch soll dennoch gemacht werden.

Der Vorgang ist wie folgt: John Moyne wählt Auszüge aus Bahauddins persischer Prosa aus und übersetzt sie ins Englische, mit einigen erklärenden Notizen, Interpretationen und minimalen Veränderungen, um die altertümliche Sprache und die theologischen Begriffe für allgemein Englisch sprechende Leser verständlich zu machen.

Was wir dann mit dem Text tun, die »zweite Übersetzung«, die hier zu lesen ist, mutet eher wie ein mystisches Spiel an. Coleman Barks hat es unternommen. Er versucht so etwas wie eine Gegenwärtigkeit zu spüren, die sich in den Bildern und Ideen bewegt. Dieser Teil der Übersetzung, falls es richtig angestellt wurde, ist nicht mit dem Geist, sondern mit einer Leerheit in der Seele gemacht. Arbeit mit einem mystischen Text ist keine Gelehrtenarbeit. Es bringt einen in Einklang mit anderen Gegenwärtigkeiten, was mehr Liebe als Studium, mehr mit dem Schmecken des Essens als mit der Lektüre der Menükarte zu tun hat. So ist dies nicht eine wortwörtliche, eine »wortgetreue« Übersetzung. Es ist Vergrösserung, Interpretation und spontane Kontemplation über das, was Bahauddin geschrieben hat. Ein Mystiker hofft auf *Übermittlung*.

Betrachten wir Rumis Verwendung des Tagebuchs seines Vater – zum Beispiel den Abschnitt über die vier Vögel (1:121–1:123). Bahauddin legte einige wenige Sätze über die vier Vögel, die in der menschlichen Psyche leben, nieder (*Maarif* 1:221–223). Er kommentiert eine Koran-Passage (2:260–262), die nicht sagt, was die vier Vögel sind. Rumi erweitert dann das Thema seines Vater über das notwendige Töten und Wiederbeleben, die Umwandlung der Vogel-*nafs* in Buch fünf des *Masnavi*. Er bewegt sich um das Thema mit Geschichten und Diskussionen über tausend Zeilen: die Ente der Dringlichkeit, der Pfau der Selbstdarstellung, der Hahn der Lust und die Krähe der Besitzgier. Man könnte sagen, dass alle 4338 Zeilen des fünften Buches dieses Thema der Umwandlung der Wunschenergie in Seelenstärke und Mitgefühl erweitern.

Was Coleman mit diesen Tagebucheinträgen macht, ist eine Ausdehnung, aber nicht vergleichbar mit Rumis erleuchteten Höhenflügen.

Im Nachfolgenden sind die Übertragungen von *Maarif* 2:12 von John Moyne gezeigt, gefolgt von Coleman Barks zweiter Übersetzung. Die neun Bilder wurden nummeriert. Wir wählten diese Passage, um zu zeigen, wie wir arbeiten, weil wir am Thema interessiert sind und weil dies wohl der aufwendigste Moment des Vergrösserungsprozesses ist. Das heisst, wir haben sowohl mehrere Details als auch zusammenfassende Passagen hinzugefügt, die hier sichtbar werden, wenn die wörtliche Übersetzung von John Moyne mit der Komposition von Coleman als zweiter Übersetzung verglichen wird. Der Eintrag richtet sich an die Natur von *sama,* der Zeremonie des Hörens und des Bewegens zu Musik sowie rezitierter und gesungener Poesie und Schriften, die sich in Sufi-Kreisen entwickelt hat.

#1: *Sama* – das ist, Gesänge hören und gesprochene Worte mit Musik – ist unangenehm, wenn es unrhythmisch ist, und gefällig, wenn es rhythmisch ist.

Zweite Übersetzung: Tiefes Zuhören hat einen Puls. Er muss klopfen, oder er lebt nicht.

#2: Ähnlich: Unangenehme Ansprache kann nicht gefällig sein.

Zweite Übersetzung: Die Worte und die Musik von *sama* sollen fliessen und natürlich abfolgen wie ein Gespräch zwischen Freunden.

#3: *Sama* ist wie ein Becher, der Samen von Sprache in den Eimer des Ohrs giesst. Wenn die Samen verdorben sind, kannst du nicht dem Eimer die Schuld geben.

Zweite Übersetzung: Wie eine Schöpfkelle Samen vergiesst, so fliesst Gesang in den Eimer des Hörens. Es mag einige verdorbene Samen geben, Worte, die nicht richtig sind. Gib nicht der Schöpfkelle die Schuld.

#4: Lieder sind wie Flaschen mit Variationen in ihrer Form und Farbe, so wie Baghdadi, Samarkand-Gelb, Rot oder Kristall.

Zweite Übersetzung: Glasgegenstände haben viele Formen. Die nach innen gekehrte Baghdadkurve mit ihrem durchsichtigen Gelb, das Samarkand-Karmesinrot, die runden Kristallkolben von Buchara. So ist es mit Musik und Poesie: *Sama* soll eine elegante Vielseitigkeit haben.

#5: Leute öffnen ihre Häuser, um Getränke zu servieren, kein Gift. Aber Vergiftung und Korruption sind zufällige Ereignisse. Nur Schurken benutzen Speisen und Getränke für ihre Übeltaten, und sie werden in ihrem Ruf verflucht, auch wenn sie eine ehrliche Handlung begehen.

Zweite Übersetzung: Wenn wir zusätzliche Tische aufstellen und die Türen öffnen, um Gäste hereinzubitten, werden wir ihnen keine Speisen auftischen, die verdorben sind. Wenn dies geschieht, so ist es ein Unfall. Aber wenn jemand dafür bekannt ist, absichtlich verdorbenes Fleisch oder Getränke aufgetischt zu haben, so wird ihn der Fluch dafür nie verlassen, unabhängig davon, wie viele grosszügige Handlungen er angehäuft hat. Lass *sama* frisch und in Liebe zubereitet sein.

#6: Die Handlungen von Singen und Tanzen sind wie Donner; wenn sie zu lange dauern, werden sie sterben.

Zweite Übersetzung: Gesprochene Poesie mit Musik und Bewegung soll fliessen wie Frühlingsdonner: Betonung, ein weicherer Anschlag, ein Zwischenraum der Stille, mehr Donner, dann der Ausklang. Es dauert nie zu lange.

#7: Wenn ein Lied keinen Augenblick von Witz hat, so ist sein Lob falsch.

Zweite Übersetzung: Wenn unterhalb von und in *sama* kein Lachen liegt, wenn es darin keinen hellen, selbstbescheidenen Witz gibt, so haben die Lobesworte keine Wahrheit, die Erregung keine Majestät. Ohne Humor wird *sama* bleiern und streng.

#8 & #9: Der menschliche Körper ist in zwei Teile unterteilt, und jedem gefällt eine Art von Lied. Zum Beispiel ist die Wertschätzung von Musik durch das äussere Ohr anders als durch das innere (geistige) Gefühl, und diese beiden Arten der Wahrnehmung können im Widerspruch miteinander sein.

Zweite Übersetzung: Jeder Körperteil hat seine musikalischen Vorlieben. Jedem gefällt *sama* auf eine einmalige Art. Die Ohren nehmen den Ton anders auf als das Herz. Gesprochene Worte mit gezupften Saiten können das Trommelfell beleidigen, aber das Zentrum des Herzens begeistern, oder das Gegenteil: Etwas Honigsüsses kann die Intelligenz deiner Seele beleidigen. Nieren hassen es, wenn die Finger den Takt klopfen. Die Lungen jedoch lieben alles, was die Finger tun.

Lass dich von den neun Bildern in *sama* leiten: ein Rhythmus im Herzschlag, ein lebhaftes Gespräch unter Freunden, das glatte Fliessen von Samen aus einer Kelle, die elegante Vielfalt von Glaswerk. Das Gefühl eines Banketts, Frühlingsdonner und Gelächter draussen an der frischen Luft. *Sama* muss sich mit seinen vielfältigen harmonischen Systemen wie die Organe im menschlichen Körper bewegen, wo jedes eine eigene Funktion und einen eigenen Genuss hat, die zusammen aber das *ganze* menschliche Dasein mittragen, bestehend aus Körper, Herz, Seele und leuchtender Intelligenz.

Wir verstehen diese Tagebucheinträge als Bemerkungen der Erfahrung eines Meisters der Praxis. Uns interessiert nicht so sehr die wortwörtliche Übertragung als vielmehr die Erkundung von Bahauddins Einsichten. Es sagt uns, wie die Atmosphäre von *sama* sich anfühlen soll. Das tiefe gemeinsame Zuhören bei dieser Praxis wurde über Hunderte von Jahren in vielen Kulturen geliebt und verfeinert. Es soll den Fluss des göttlichen Seins ermuntern durch das Öffnen der Herzen bei denen, die bereit sind, die Leere einer Schilfflöte, einer Trommel zusammen mit den gezupften Saiten der Sprache und eines bildlichen Bewusstseins aufzunehmen. *Sama* ist das Spiel des Schöpfers, der sich innerhalb seiner Schöpfung bewegt.

Das traditionelle, formale *sama,* das innerhalb der Sufi-Orden praktiziert wird, wurde als die am tiefsten bewegende Zeremonie übermittelt. Es ist ein tiefes Erinnern an die Öffnung, die mit dem Zusammentreffen und der Trennung von Rumi und Schams geschah. In *The Feats of the Knower of God,* einer wuchtigen mündlichen Geschichtsüberlieferung aus dem 14. Jahrhundert aus Rumis Kreisen, erstellt zwei Generationen nach dem Tod des Dichters, erzählt Aflaki den Anfang einer solchen *Sama*-Versammlung, die von Rumi geleitet wurde.

> Gott ist vollständiger ekstatischer Genuss, und wer immer diesen Genuss nicht erfahren hat, weiss nichts. Ich bin der ekstatische Genuss und vollständig in ihn eingetaucht. Glaube ist vollständig ekstatischer Genuss und Leidenschaft. Daraufhin liess er [Rumi] einen Schrei los und begann das *sama* auszuführen.[1]

Wir ehren die traditionelle Linie, die aus dieser Einsicht herstammt. Kaum jemand im Westen wusste über 500 Jahre lang von den persischen Mystikern. Dann haben Goethe, Emerson, Whitman und andere sie entdeckt. Der Dichter Gary Snyder las Rumi auf dem Tanker in den 1950er Jahren. So begann das Wissen durch geeignete Kanäle durchzusickern. Die anhaltende Begeisterung für persische Mystik wie heute gab es jedoch noch nie. Es heisst, dass Rumi der meistgelesene Dichter in den Vereinigten Staaten sei – ausgenommen sicherlich Shakespeare. Aber auch wenn Rumi Dritter oder Vierter oder Zwanzigster wäre, wäre es beachtlich.

Und es gibt eine Version von *sama,* wenn wir dies so nennen dürfen, die begonnen hat, verschiedene Formen in den USA anzunehmen. Diese Treffen finden ausserhalb der Trägerschaft etablierter Religionsgemeinschaften statt. Es ist nicht unüblich für ein Theater oder eine Kirche in einer grossen US-Stadt – Houston, Boston, Washington, Kalamazoo, Boulder, Minneapolis, Santa Fe, Louisville, Seattle, Missoula, Charleston oder Athens Georgia –, dass dort an einem Donnerstagabend oder einem Abend an einem Wochenende 1000 Personen sitzen und über zwei Stunden mystischer Dichtung (meistens Rumi, Hafez, Kabir) und Musik zuhören. Diese Events haben nicht den Charakter von Aufführ-

---

1 Aflaki (gest. 1356), *The Feats of the Knowers of God,* ins Englische übersetzt von John O'Kane (London: Brill, 2002), p. 128. Shamsudin Ahmad al-Aflaki war ein Zeitgenosse von Rumis Enkel. Sein Buch ist eine der frühen Quellen mit Details über Rumis Leben und seiner Umgebung.

rungen, sondern vielmehr von innerlichen und kontemplativen Versammlungen. Oft gibt es dort auch keinen Applaus. Joe Miller, wenn er noch lebte, würde sicher kommen und in der ersten Reihe des Publikums in der San Francisco Bay Area sitzen, der Hauptstadt dieses Experiments. Am Schluss würde er aufstehen und die *Ya fattah* (»der Öffner«, einer der Sufi-Namen Gottes) trompeten. Alle würden zurückschreien: *Ya fattah, ya fattah.* Es scheint eine wachsende Anzahl an Aufrufen zu solchen Abenden zu geben, die tiefe Nahrung zu geben scheinen. Wir möchten aus diesem Phänomen keine grosse Sache machen, es aber auch nicht kleinreden. Rumi wurde im vergangenen Jahrzehnt in den USA und in England plötzlich und enorm bekannt, zu einem geringeren Grad auch in Polen, Deutschland, Frankreich, Finnland, Taiwan, Israel und anderen Ländern.

Die neuen *sama*-Abende sind teilweise eine Erweiterung der Experimente, die in den 1950er Jahren unter den Beat-Dichtern in San Francisco begonnen hatten – Allen Ginsberg, Kenneth Rexroth, Lawrence Ferlingetti, Gary Snyder – und in den 60er und 70er Jahren von Robert Bly, Etheridge Knight, Ann Sexton und andern weitergeführt wurden, wobei verschiedene Kombinationen von Musikinstrumenten mit gesprochenem Wort und Gesang versucht wurden. Dylan Thomas brachte den starken keltischen Zug. Traditionen aus Afrika, dem indischen Subkontinent und von Indianern kamen hinzu. Leonhard Cohen. Kurt Cobain und William Burroughs. Als planetarische Kultur fühlen wir unseren Weg zurück in ein wunderbares Gebiet der Psyche. *Sama,* Sufismus selbst und *zikr* (»Gedenken an Gott«) überschreiten die Bereiche von Religion, Nation und Kultur, um etwas tiefergehend Menschliches zu erforschen – so wie wir die Botschaft des Geistes hören und uns danach bewegen.

Wenn man vielleicht ein amerikanisches Publikum, das eine typische Dichterlesung erwartet, fragen würde, was es lieber hören möchte: Gedichte über persönliche Ereignisse oder unpersönliche, strahlende Weisheitsgedichte, so würde es solche mit weniger Weisheit bevorzugen. Sie könnten nicht so viel davon aufnehmen, aber alles Persönliche. Dies ist bei den freieren Sessions von *sama* anders. Diese Zuhörer scheinen eher bereit, sich auf eine von mehreren Hörwelten einzulassen, die äussere, exoterische Welt der Persönlichkeit und Politik ist eine davon. Eine weitere ist die innere, die feinere Welt der Gotteserscheinung. Die Traumwelt, die hermetische Welt und das rein Scherzhafte sind weitere. Ein auf Darbietung bedachtes Publikum ist distanzierter als jenes, das intensiv *sama* zuhört.

Kritiker solcher Abende sind der Meinung, dass darin keine wirkliche Arbeit stattfindet, vielmehr eine gefährliche Leichtigkeit und Trost. Andrew Harvey meint, dass wir, in der Erwartung des drohenden Weltuntergangs, uns überwinden und in die volle und unmittelbare Transformation gehen sollten. Wir haben keinen Streit mit Bruder Andrew und stimmen seiner evangelischen Dringlichkeit zu. Wir hoffen, dass Poesie, Musik und Zuhören sich zu etwas Transformativem entwickeln. Ausserdem sollte das, wofür er sich stark macht, eigentlich in jedem Einzelnen geschehen. Solche Abende verhindern dies nicht. Natürlich haben sie auch ihre Schwächen, etwas viel ekstatische Selbsthypnose und zu viel Aufmerksamkeit für Trancezustände. Wir müssen uns immer an Rumis strenge Seiten erinnern, die Disziplin und die gesunde Lebensweise, und immer Klarheit bewahren. Gegen uns selbst. *Liebe kommt mit einem Messer* kann nicht mit einer sanften Stimme gesprochen werden.

Der mystische Effekt von *sama,* wenn er eintritt, muss in der Möglichkeit bestehen, dass die Sprache die Psyche tragen *kann,* so dass innerliche Gedichte und innerliche Bücher gelegentlich Gegenwärtigkeiten hervorbringen. Dies ist sicherlich der tiefere Grund, warum wir Bücherläden, Gedichtlesungen und Bücher selbst so lieben. Wir suchen in ihnen nichts anderes als nach Freundschaft mit grossen und starken lebenden Seelen, und manchmal finden wir sie. Das ist kein frommes Wunschdenken, sondern vielmehr Erfahrung. Wenn Worte wirken, können Jalaluddin Rumi und Schams von Täbris uns durch ihr wahres Sein das Geheimnis offenbaren, das war und das ist.

> Höre auf die Gegenwärtigkeiten innerhalb der Gedichte.
> Lass sie dich hinführen, wohin sie wollen.
>
> Folge diesen privaten Hinweisen,
> und verlasse nie den Ort.[2]

Der klarste und schwierigste Kommentar[3] über *sama* stammt von dem Sufi-Mystiker Hallaj aus dem 10. Jahrhundert, der sagt, dass *sama* mit *ilm* (Weisheit) verbunden ist. Er sagt, dass man in diesen Ozean der Weisheit nicht ohne Zuhören eintreten kann. Noch kannst du Gnosis *(ma'rifa)* ohne Geist, Frieden und Duft *(al-ruh wa al raha wa al-ra'iha)* erreichen. *Sama* muss in Liebe und aus der Liebe heraus geschehen. Und in seiner Leiter der spirituellen Stufen und deren notwendigen Bedingungen sagt er weiter, du kannst die Liebe *(mahabba)* nicht ohne Sehnsucht *(shawq)* oder Sehnsucht nicht ohne Entzücken *(walah)* haben, und ohne Entzücken wirst du die Gegenwart Allahs nicht geniessen. Der ehrenwerte Bill Moyers fragte Coleman anlässlich einer PBS-Schau einmal, was Sehnsucht sei. Coleman sagte etwas über das goldene Licht eines Sonnenuntergangs im frühen Frühjahr in Chattanooga in seiner Kindheit. Wir fragen uns, was

---

2 Dieser Vierzeiler von Rumi stammt aus *Unseen Rain*, p. 37.

3 Die Literatur über *sama*, als Qualität der Aufmerksamkeit und als Aufführung eines Rituals, ist ein riesiges eigenständiges Gebiet. Für die Interessierten hier einige Einstiege: AL-Ghazzali: *On Listening to Music.* Übersetzt von Muhammad Nur Abdus Salam. (Chicago, Kazi Publications, 2002) Nasr, Seyyed Hossein. *Islamic Art and Spirituality.* (Ipswich, Suffolk, Golgonooza Press, 1987) Racy, A., J. *Making Music in the Arab World: The Culture and Artistry of Tara.* (Cambridge University Press, 2003)

Coleman heute antworten würde, wenn er gefragt würde, was Entzücken ist.[4]

Coleman Barks und John Moyne

4 Die Zitate von Hallaj sind aus Carl Ernsts Abhandlung, »The Stages of Love in Early Persian Sufism«, in *Classical Persian Sufism: From its Origins to Rumi* (New York and London, Khaniqahi Publications, 1993), p. 442

DIE MANUSKRIPTE

Während der bekannte iranische Gelehrte Badi-uz-Zaman Furuzanfar seine Biographie von Jalaluddin Rumi schrieb, erhielt er in Teheran ein handgeschriebenes, altes Exemplar des *Maarif*. Es gehörte Professor Ali Akbar Dehkhoda. Der letzte Satz im Manuskript sagt, dass es im Jahr 1549 von al-Mowlavi al-Qunavi abgeschrieben wurde. Es wurde der erste Teil von Band eins seiner Ausgabe von Bahauddins Buch. Band eins hat zwei andere Teile, die mit anderen Namen signiert sind. Später fand Furuzanfar ein Faksimile eines Manuskripts in einer Universität in Istanbul. Es bestand aus drei Teilen des *Maarif,* zusammengetragen von drei Herausgebern im 16. Jahrhundert. Andere Entdeckungen von Texten wurden in der Bibliothek der Hagia Sophia und im Museum in Konya gemacht. Diese Manuskripte sind aus der ersten Hälfte des 14. Jahrhunderts. Furuzanfar veröffentlichte Band eins des *Maarif* 1954 (zweite Ausgabe 1974). Er benutzte die Manuskripte aus dem 16. Jahrhundert als Ausgangsmaterial und die früheren zum Vergleich und zur Korrektur. Die Anordnung der Texte dieses ersten Bandes erfolgt in kurzen Kapiteln, ist weniger Tagebuch, eher eine Sammlung von Predigten. Band zwei, 1959 veröffentlicht, beruht auf dem ältesten, in Konya gefundenen Manuskript, und dieses *ist* in Tagebuchform. Es könnte sogar einige Einträge in der Handschrift von Bahauddin selbst enthalten, und vielleicht Randnotizen von seinem Sohn. Dies legt eine vergleichende Analyse nahe mit Proben von Rumis und von Bahauddins Handschrift, die als authentisch gelten.

Professor Furuzanfar hat keinen Zweifel, dass das, was wir im *Maarif* finden, Bahauddins persönliche Aufzeichnungen und Aussagen sind, da der Stil durchgehend sehr klar und kühn ist. Er behauptet, dies könne nicht das Werk von Kopierern oder eines Studenten sein, der während der Rede Aufzeichnungen angefertigt hat. Vermutlich hatte Bahauddin den ganzen Koran im Gedächtnis, und bei den meisten Einträgen zitiert er einen oder mehrere geeignete Verse in Arabisch. Das *Maarif* ist ein intimer, spiritueller Reiseführer, schrullig, vielfältig und leidenschaftlich. Furuzanfar, aber auch Annemarie Schimmel sehen in Bahauddin Valad[1] einen der Schöpfer einer gänzlich eigenständigen persischen poetischen Prosa.

John Moyne

1 Bahauddins voller Name war Muhammad bin Hossain Khatibi Balkhi, auch bekannt unter den Namen Bahauddin Valad, Baha Valad und Bahauddin.

ZUR DEUTSCHEN ÜBERTRAGUNG

Dieses Buch ist die Erste einer Reihe von Übertragungen interessanter Sufi-Texte als Folge der Suche nach einer Beschäftigung in der Unruhephase nach der Pensionierung. Am Geburtstag zwei Jahre vor Erreichen des Pensionsalters wurde mir schockartig die Unausweichlichkeit des bevorstehenden Datums bewusst. Da weder Hund, Garten und / oder eine Familie nach dem Wegfall der Arbeitsumgebung eine hinreichend sinnvolle Beschäftigung in Aussicht stellten, reifte der Gedanke, Sufi-Literatur, die ich über die Jahre in Englisch schätzen gelernt hatte, auch den deutschsprachigen Lesern verfügbar zu machen. Dieser Text ist das Resultat dieser Bemühungen. Eine erste Version entstand während einer längeren Retraite in Chisholme House, Schottland, wo ich die ideale Umgebung für diesen nicht ganz einfachen Lebensphasenwechsel fand. Für die Freundschaft und Gastfreundschaft, die ich dort erfahren durfte, bin ich sehr dankbar. Etwas näher gelegen ist der Ort, an dem das erste Manuskript revidiert wurde, nämlich im Kapuzinerkloster Rapperswil – dort fand ich ein Umfeld, das für diese Aufgabe ideal war. Wie schon in Schottland erlebte ich, dass Sufi-Texte, wenn ich mit ihnen arbeite, auch mit mir arbeiten. An beiden Orten war die Zeit der Stille daher wichtig. Dem Kloster Rapperswil und seinen Brüdern und Schwestern bin ich für ihre Aufnahme und Begleitung sehr verbunden.

Da erfahrungsgemäss die Auflage solcher Titel klein ist, wäre es schwierig geworden, für diese Texte einen Verleger zu finden, da die Aussicht auf ein gutes Geschäft eher klein sein dürfte. Daher beschloss ich, meiner Einzelfirma, mit der ich früher Umweltprojekte betrieben habe, einen neuen Namen zu geben und einen neuen Geschäftszweck zu definieren: So entstand der Verlag Edition Shershir.

Da ich in dieser Branche ein Neuling bin, bin ich der Geschäftsführerin und den Mitarbeitenden des rüffer & rub Sachbuchverlags, Zürich für ihre tatkräftige Unterstützung sehr dankbar. Grossen Dank möchte ich auch an Maya Nettgens und an Wolfgang Herrmann aussprechen. Sie haben dieses Altersprojekt in allen Phasen unterstützt und ihre eigenen Ideen eingebracht, die sich als sehr wertvoll erwiesen haben. Sie haben auch mit grossem Scharfblick den vorliegenden Text nochmals überarbeitet und geholfen, ihn lesbarer zu machen.

Peter Finckh
Januar 2012

DAS VERSENKTE BUCH
(Eine Auslese aus dem *Maarif*)

Lob für das unnennbare Geheimnis,
Gespräche mit dem Göttlichen, Geistesvisionen,
Kommentare über Zeilen aus dem Koran, pflanzliche
Heilmittel, Traumerzählungen, erotische Vorfälle,
gärtnerische Hinweise, Notizen über Ansprachen
und Übungen für seine Studenten, Berichte über alte
Zeremonien, Gedanken über den Wert
der Arbeit, Verdauung als zentrales Bild
für Bewusstheit, Ratschläge an bestimmte Menschen,
viel Selbstkritik,
kosmologische, metaphysische und
psychologische Spekulationen
und anderes, nicht klassifizierbares Material

·

Übersetzt von John Moyne und Coleman Barks
Ins Deutsche übertragen von Peter Finckh

BUCH EINS

BLAUES GEWAND

Zeige den wahren Weg (Koran, 1:6).[2]

Mir wurde ein Geschmack für das Schöne gegeben. Wie Milch, die durch meinen Körper fliesst, die Tore offen. Ich trage ein blaues Gewand, aus sechs Richtungen gewoben, mit Bildern von Wasserfarbe über den Stoff fliessend, gelber Jasmin, wilde Iris. Gänge in Obstgärten, hübsche Gesichter in den Strassen, ich bin aus dieser Schönheit zusammengesetzt, das Öl von gepressten Pflanzen, Rosenöl, harziger Balsam: Lebensessenz, ich bin der intelligente Saft von Blumen.

1:2–3

EINE ART, WIE GOTT SCHMECKT

Mitten im Gebet dachte ich wieder an die Nymphen im Paradies, die halb aus Kampfer, halb aus Safran sind, die Haare aus reinem Moschus.

Dann erinnerte ich mich an den alten Spruch über diesen und jenen, dessen Kopf mit Scham vollgesogen ist, mit seinem Fuss in Wahrhaftigkeit gebunden.

Dann rief ich mir die Eigenschaften von Gott in Erinnerung: Mitgefühl, Grosszügigkeit, elegante Verschlungenheit, leuchtende Weisheit, Gnade, Schönheit. In mir entstand Dankbarkeit, dass ich den Geschmack von einigen dieser

---

1 Die Nummerierung bezieht sich auf Furuzanfars Ausgabe des *Maarifs*. Buch eins und zwei sind darin in *fasl* (Kapitel) unterteilt, welche mit dem Wort FASL in dunkler Tinte und mit einer Kapitelnummer markiert sind. Um Verwirrungen zu vermeiden, haben wir *nicht* diese Kapitelnummern, sondern die genauen Seitenzahlen benutzt. So bedeutet 1:144–145 eine Passage in Buch eins, welche auf Seite 144 beginnt und auf Seite 145 endet, und nicht Kapitel 144 und 145.

2 Alle folgenden in Klammern gesetzten Zahlen im Text beziehen sich auch auf den Koran.

Qualitäten kenne, entsprechend meinen beschränkten Fähigkeiten, und sogar darüber hinaus.

Ich sehe einen langen Tisch mit einem Tischtuch bedeckt. Darauf die Kräfte, die Qualitäten, die Schöpfungen und die sieben Sterne, aus denen unser hiesiges Vergnügen fliesst. Sogar in meinem Unbewussten tritt Gott mit dem *Geschmack* dieser Qualitäten in mein Verlangen und in meine Seele ein.

Ich fühle mich selbst eine der Arten *werden,* wie Gott schmeckt.

1:4

DIESE TASSE DES SEHENS, MEIN WEIN

Ich sitze vor Gott, mich beklagend und trauernd und lobend, ich finde neue Wege, meine Liebe zu zeigen, wie Lieder, die zu einer Rebab gesungen werden, dann zu einem Tamburin, dann zu einer Ney, dann zur Musik aller drei.

Jeden Augenblick füllt sich diese Tasse des Sehens mit Visionen. Dies ist mein Wein. Ich trinke den gegebenen Moment, und durch meine Glieder, meinen Rumpf und meinen Kopf spüre ich die Knospen sich öffnen. Dies ist Gesundheit. Jedes andere Gefühl ist Krankeit und Leblosigkeit.

1:8

SCHLAFBAUM

Ich sass und fragte mich, was ich tun sollte, als ich diese Eingebung erhielt: Öffne dein Herz. Spüre die Nähe zu Gott. Schau in dich hinein. Sorge für die dortige Aufmerksamkeit.

Das führte mich zu der Überlegung, es gibt hier zwei Ganzheiten, Gott und mich selbst. Gott, das verwirrende Mysterium; mich, die verwirrte Mischung aus tot und bitter, welche ich durchleiden muss, um Gott zu erreichen.

In diese Gedanken verstrickt, werde ich schläfrig. Im Schlaf werde ich ein nachtstiller Baum, im Nichtsein verwurzelt. Als ich aufwache, treibt der Baum Äste und Blätter aus. Das Augenlicht kommt zurück; die Glieder bewegen sich in der Luft. Mein Herz fühlt sich wie das Öffnen der Blüten auf einem Ast. Gebete breiten sich aus und werden Früchte, und Nichtsein ist der Geschmack der Sprache in meinem Mund.

1:10

DUFT EINER UNSICHTBAREN BLUME

Ich sehe die Essenz von Lebendigsein wie Wasser vom Unsichtbaren nach hier und dann zurück nach dort fliessen. Meine Sinne wissen, dass sie aus dem Nichts kommen und ins Nichts zurückgehen werden.

Ich anerkenne den einen Schritt aus Existenz zum Nichts und aus Nichtexistenz zum Hier. Wenn ich meine Sinne tief kenne, so spüre ich *in ihnen* den Weg zu Gott und den Zweck des Lebens.

> Schau diese überraschende Blume,
> welche nicht gesehen werden kann, und doch
> kann ihr Duft nicht verborgen werden.

Gott ist die unsichtbare Blume. Liebe ist der Duft der Blume, überall offenbar.

1:14–15

MORGENDLICHE SALAAMS

Jeden Morgen sitze ich in der Moschee. Wenn Leute hereinkommen, grüssen sie mit Salaams, *der Friede von Gott, Gottes*

Friede. Dann vollführen sie eine vollständige Niederwerfung vor mir. Ich weiss, was Gott tut: Er gestaltet meine Seele, so dass sie diesen Leuten in solcher Schönheit erscheint, dass sie das Werk ehren wollen.

Auch wenn sie meine Heuchelei, meine widersprüchlichen Gefühle, meine Liebe für Schmeichelei sehen, so erkennen sie trotzdem meistens die göttliche Aufmerksamkeit, die mir gegeben wurde. Ich bin dankbar für die Art und Weise, mit der meine Seele zu anderen Seelen hingezogen wird, um sich dann wieder von ihnen zu trennen. Ich beobachte hierin ein Gesetz des Seelenerzeugens mit aufregenden Möglichkeiten für das Verstehen.

Szenen, wie es vor sich geht, tauchen auf: Leute in der arktischen Kälte, andere in den Tropen. Ozeane, tiefe Wüstenschluchten, bewaldete Täler, alle in Harmonie mit »dem Einen, der keinen Gefährten hat«. Da ist eine Gruppe, die singt und sich in reiner Freude bewegt; eine andere ist still inmitten von tiefster Trauer und von Gemetzel. Ein Baum starrt vor Dornen: Eifersucht, engstirnige Rache. Dann knospen die Jasminblüten, öffnen sich und lassen ihr Geschenk fallen.

Warum wird uns dies gezeigt? Damit wir das Ganze als gegeben schätzen können. Wenn ich in Trauer und ohne Hoffnung bin, nehme ich sowohl diese Gnade als auch die Beseitigung des Schmerzes an. Ein tiefes Wissen tritt ein, sooft uns dies gezeigt wird, wir empfangen und entwickeln, um beides zu lieben.

1:27–29

KOCHENDER TOPF

Herr, Du verleihst Herrschaft (12:101). Ich sagte zu Gott: Macht auf der materiellen Ebene ist einfach im Vergleich zu dem, was im Unsichtbaren geschieht.

Du lehrtest mich, Traditionen zu deuten (12:101). Und Du lehrst mich, wie die Geschichten, welche im Schlaf auftauchen und die ich höre, zu verstehen sind. Ich bleibe *lebhaft lebendig,* sowohl träumend als auch wach.

Schöpfer von Himmel und Erde (12:101). Du trennst das Weltliche vom Erhabenen, und Du öffnest einen Vorhang, so dass ich dasitzen und beides geniessen kann.

Ich nehme Zuflucht in beiden Welten (12:101). Beide gehören Dir, aber ich habe mich in die andere, die kommende Welt, verliebt, die jetzt nicht gesehen wird. Nimm diese offenbare Welt von mir. Ich bin es müde, auf das kommende Leben zu warten.

Was soll ich an diesem Punkt tun? Wohin führt mich mein Herz? Vielleicht sollte ich die Fülle aller verfügbaren Vergnügen betrachten, sowohl die Annehmlichkeiten des Verbleibs im Körper wie auch die andere Intensität des Nichtseins. Beide sind gegeben. Alles, was ich sage, ist eine Erinnerung an Gott.

Wenn ich an eine menschliche Seele denke, sehe ich einen kochenden Topf, ruhelose Verwirrung. Freude kommt von Dir. Nichtexistenz folgt auf Existenz, worauf wieder Existenz folgt, von Dir ernährt und gestützt (11:6).

Ich bitte um Führung mit ungeheurer Ehrfurcht und auch in enger Gemeinschaft. Die Geschenke kommen mit vertrauter guter Stimmung. Ich bitte um Befriedigung meiner sexuellen Bedürfnisse. Du gibst dies, wie auch die Quelle von Sex. Wenn ich hungrig bin, bitte ich Dich um Nahrung. An wen sonst würde ich mich wenden? Wo sonst kann ich nach Betätigung suchen?

Ich gehe an Deine Tür, um die Zeit zu vertreiben. Wir gehen zusammen hinaus. In den fünfmaligen Gebeten bitte ich Dich, diese Verehrung anzunehmen, und darum, meinen Körper mit neuen Spielarten von Gunstbezeugungen und den vertrauten Vergnügungen pulsieren zu lassen.

Ich sehe nicht ständig Wunder um mich herum. Manchmal, in Schwierigkeiten, des Lebens überdrüssig und krank, gehe ich an Deine Tür. Wie auch immer meine Stimmung ist, ich gehe zu Dir.

1:29

EINE SÜSSE IN DER FERNE

Lebendige Augenblicke kommen von Dir: Sicht, Form, Verständnis, Seele, alles. Warum also kann ich nicht direkter sprechen? Warum kann ich nicht in Deiner Gegenwart sein und meine Lippen auf Deine pressen? Ich möchte, dass mein Körper Dich hindurchfliessen spürt! Warum nicht?

Die Offenbarung in der Antwort: *Was du sagst, ist Beobachtung, nicht Gespräch. Lass das Fragen mehr zu einer Erfahrung werden.*

Aber ich werde wie ein Mineral behandelt, ein wenig Sand, verblasen ohne Gefühl von Dir und ohne Kenntnis meiner selbst. Ich sitze in Stille, um die Herrlichkeit und die Liebe zu spüren.

Eine andere Offenbarung: *Ich zeige mich in kleinsten Mengen. Nimm kleine Schlucke.*

Es ist eine solche Süsse in dieser Ferne. Wie wäre es, näher zu sein?

1:34–35

NOCH IMMER WACHSEND

Innerhalb und ausserhalb meines Körpers sehe ich neben den Blumen klare und kalte Ströme, und wenn ich gestorben bin, findet die Leiche ihren Weg zurück zu diesen und die sie umgebende weiche Luft. Unsere Seelensamen kommen aus dem Unsichtbaren, und hier sind wir, noch immer wachsend. Wir verwelken und werden zu Samen. Wir sterben. Neue Samen schlüpfen in den Boden des Ungesehenen, jeder, um seine eigene Abstammungslinie neben dem Wasser hervorzubringen. Gott stellt diesen fortlaufenden Prozess sicher.

Koran 64:14 erinnert uns daran, dass es unter denen, die uns nahestehen, Feinde geben kann. Sei vorsichtig und erinnere dich, dass, wenn du vergibst und Beleidigungen übersiehst, du die Gnade den Groll auflösen lässt.

1:42

VERGEBUNG UND IMPULS

Um zu erfahren, ob eine einzelne Sünde vergeben wurde, schaue in dich hinein um zu sehen, ob du noch immer den Drang hast, es zu tun. Wenn du ihn hast, so ist sie nicht vergeben. Bete weiter, damit der Impuls beseitigt wird.

1:49–50

BROTLAIBE FÜR DEN TISCH

Jemand ohne Mitgefühl für andere wird keine Gnade für sich selbst haben. Wenn du eine grausame Ungerechtigkeit gegen einen Fremden begangen hast, wirst du dasselbe oder schlimmer gegen dich selbst tun. Jede nachlässige und gemeine Handlung kehrt zurück. Du wirst dich belastet fühlen mit alldem, was du eigentlich nicht ertragen kannst. Du bist nicht stark genug. Der Fluch des Herumwanderns ohne Freude oder Ziel wird für Jahre mit dir gehen, bis du auf das triffst, was deine erste Zuflucht war, die Wiege in der Krippe.

Ein Pferd verirrt sich in eine Höhle voller Löwen. Du gehst tiefer in dein Verlangen nach Sex, nach Kunst, nach Reichtum. Es wird eine Zeit geben, wo dein Leben leer ist

(76:1), aber hat es je eine Zeit gegeben, wo menschliche Wesen nicht umsorgt waren? Für Tausende von Jahren hatten wir keine Identität, wir haben es jedoch geschafft, diesen verblüffenden Moment zu erreichen, diesen leuchtenden, bewussten Lebensmoment. Wer gab uns diese Unruhe, zu wissen und zu *sein?*

Im Ofen des Mutterschosses warst du ein feuchter Klumpen, gebacken für der Welt lange Festtafel. Du hast kein Gefühl für diesen Vorgang, für die Fähigkeiten, die dich zu diesem duftenden, reichen Moment gebracht haben. Brotlaibe wissen nicht so viel wie ihre Bäcker oder die zu Tisch Sitzenden.

Dir wurde die Wahrnehmung, über die du verfügst, gegeben, ebenso deine Bereitschaft zur Hingabe – *nicht um unter Kontrolle zu sein,* eher um damit anzubeten und zu loben. Dies sind wichtige Grenzen, die es zu berücksichtigen gilt, genauso klar und deutlich wie die Tatsache, dass Steine und Metallteile nicht *sehen* können. Genauso stehst du zum Geist und zu den Wesen, die im Geist leben. Du kannst sie weder sehen noch ihre Umstände und ihre Zwecke kennen.

Wir wissen so wenig, und wir erhalten Geschenke, für die wir nichts getan und die wir nicht verdient haben. Wir erheben uns aus dem Staub, leben unsere kleinen Schwierigkeiten und Triumphe und sinken dann zurück in den Staub. Es ist schiere Dummheit und aufbrausende Überheblichkeit, die Gerechtigkeit Gottes, Seine Vernunft oder Sein anhaltendes Mitgefühl zu hinterfragen. Lobe, was immer du als Demütigung, Kränkung oder sogar idiotisches Unglück empfindest. Lobe, dass die göttliche Gegenwärtigkeit ein Wissen ist jenseits unseres Missverstehens und dass dieses Wissen alles ernährt.

1:52–53

NACHTWACHE

Dunkelheit wurde als Nachthemd zum Schlafen gegeben (25:47). Erinnere dich, dass Menschen aus Wasser und Staub für Blut und Fleisch gemacht wurden, das Skelett mit öligen Harzen im Feuer gebrannt. Dann wurde die Seele, das göttliche Licht, in die menschliche Form geatmet. Aufgabe ist es nun, unseren Körpern zu helfen, reines Licht zu werden. Es scheint so zu sein, dass dies nicht geschähe. Aber in einem Kokon wird aus jeder Kleinigkeit des wurmauflösenden Schleimes Seide. Wenn wir Licht aufnehmen, wird jeder Teil von uns zu Seide.

Wir machten die Nacht zur Dunkelheit, aber wir bringen strahlende Morgenröte daraus hervor. Auf die gleiche Art wird dein Grabhügel bei der Auferstehung erblühen. Sufis und jene auf dem Weg des Herzens benutzen Dunkelheit, um innerlich voranzuschreiten. Während der Nachtwache gehört das Universum ihnen (40:16). Mit allen Königen und Sultanen und ihren gelehrten Beratern schlafend ist jeder untätig, ausser den wenigen Wachsamen und der göttlichen Gegenwart.

1:62–63

UNTER DEM GARTEN

Jemand fragte, wie es kommt, dass so viel Kummer und Unglück auf die Freunde Gottes, die Propheten, kommen. Ich antwortete, dass das Leiden das Herz öffnet und dass dies so gut sei. Schmerz und Schwierigkeiten sind Frühlingsgewitter, oben dunkel, Blumen und Gelächter darunter. Diese sichtbare Welt ist die Heimat des Elends, wo der Körper schmerzt, während die Seele zu mehr Lebendigkeit wächst.

Die Trauergemeinde klagt und schaut dann nach Wegen, den Körper zufriedenzustellen. Sie leben die Traurigkeit ihrer umgekehrten Vision. Beachte, wie der Derwisch im Untergrund verborgen bleibt im Herzen, unbeschreiblich glücklich unter seinem blühenden Rosengarten, der von bröckelnden und überwucherten Mauern umgeben ist, die eigentlich kaum mehr Mauern sind. Währenddessen behalten jene, die ausserhalb ihres Herzens leben, die Symbole ihres Besitzes, mit perfektem Mauerwerk und hellen, schneeweissen exakten Grenzen, innerhalb deren die Blumen verwelkt und farblos sind.

Hingabe hat zwei Flügel, jeder von ihnen hat viele Federn. Eine Feder ist die Freude am fünfmaligen Gebet, eine andere besteht aus Fasten, Spenden, Fürsorge für die Familie und anderen Verpflichtungen. Der andere Flügel hat Federn für Stärke. Eine ist für die Unterscheidungsfähigkeit, falsche Gesellschaft zu meiden. Eine andere ist die Entschlossenheit, jene abzuwehren, die schaden wollen, und die Gemeinschaft vor Gefahr zu schützen.

1:64–65

WARTEN

Wir gaben dir den Sieg (48:1). Granit bricht auf, herrliches Wasser fliesst hindurch. Kiesel gegen Kiesel bringt Feuer, so wie eine trauernde Person mit tieferer Liebe aufschaut. Aus dichtem, schwarzem Schlamm kommen grüne Sprossen, die uns ernähren werden. Wir lassen aus dir einen Garten wachsen. Was hast du gesehen, das dich traurig macht?

Es gibt keine Wirklichkeit ausser Gott (2:225), das bedeutet Einheit. Öffne dich dafür. Schiebe beiseite das Wünschen und das sorgfältige Austüfteln. Wovor du am meisten Angst hast, ist schon geschehen. Dein Gefäss *ist* bereits zerbrochen.

Was ist, wenn jemand Brot anbietet und es dann wegnimmt? Manchmal zeigt ein Vater seinen kleinen Kindern Gold und Silber und nimmt die Münzen anschliessend wieder fort. Sie wollen ihre Geschenke *jetzt*. Aber der Vater bewahrt sie für ihre Hochzeit auf. Wenn er sie ihnen jetzt gäbe, würden sie sie verschwenden und sich später schämen. Gott versteckt in einem Baumwollsamen das starke Tuch, aus dem wir Zelte machen. Feine Seide wartet in der wurmigen Puppe. Wenn dumme und unreife Diebe sie stehlen würden – den Baumwollsamen und die Seidenwurmpuppe –, könnten sie sich nicht am Wert erfreuen.

1:66

ROST

Gott setzte ein Siegel auf ihre Herzen (2:7). Aber versiegelt zu sein ist ein geschlossener Zustand, so wie wenn ein Spiegel verrostet. Wenn du einen Spiegel vergräbst, so werden die braunen Flechten die Oberfläche verkrusten und ihn am Spiegeln hindern.

Du hast deinen Herzspiegel auf dem Abfallhaufen der Welt abgelegt und ihn lange draussen in der Witterung gelassen. Die Bilder der Ewigkeit, die er spiegeln sollte, sind jetzt verloren.

Mit Faulheit und Nachlässigkeit verliert das Herz seine Fähigkeit, die Schönheit um sich herum zu spiegeln. Die Folgen unseres Tuns und Unterlassens häufen sich langsam an.

1:82–83

LANDBESTELLUNG UND AUFMERKSAMKEIT FÜR FREUNDSCHAFT

Ich sagte zum grobgeistigen Fakhruddin Razi, zum dumpfen König Khwarazmshah und zu mehreren anderen freudlosen Philosophen: Mit eurer Art verliert ihr die Schönheit der Blumen und die Friedlichkeit und marschiert unaufhaltsam in die Dunkelheit. Ihr ignoriert die offensichtlichen Wunder zugunsten von Rauch und Geistern. Das falsche Selbst des Egos trifft eure Entscheidungen. Ihr fühlt euch verwirrt und blockiert, aber die Weisheit weiss, dass diese materielle Welt eine Tür zum Geist ist. Besondere Handlungen sind erforderlich, und grosse Aufmerksamkeit muss der Freundschaft geschenkt werden.

Wir leben an einem Ort, wo Dornen und giftige Pflanzen wild wachsen, aber Obstbäume, Rosen und Gemüse brauchen Pflege. Diese sorgfältige Landbestellung ist Tugend. Fakhruddin und Khwarazmshah sind anderer Meinung. Sie sind wie Heuschrecken, die eher einfallen und die Ernte fressen (54:7), als ihr wachsen zu helfen. Ich wickle mich wie Mohammed (74:1) in dieses Kleid von Oberkörper, Gliedern und Gesicht, diese besondere Bedeckung der äusseren Existenz, wo ich einer Bestimmung zuwachse, die ich nicht kenne, ausser dass ich in Fülle leben muss, um das Nächste zu erreichen.

1:89

SCHWEBEND

Kürzlich wurde ein Mann aus Indien, der sehr in seinen Redefluss verliebt war, gefragt: »Wie siehst du Bahauddin?«

»Schwebend im Himmel, mit Strahlen von Licht, die aus ihm herausbrechen.«

»Wie siehst du jene unter uns, die ihm zuhören?«
»Hühner, die um seine Füsse herumpicken.«

Es ist wahr, dass meine Liebe für Gott meinen Körper entzückt. Ich fühle mich auf die gleiche Art erleuchtet, wie sexuelles Verlangen meine Glieder und meine Organe lebendiger macht.

1:92

DIE WEGE DER ESSENZ

Nun will ich die Natur dieses Am-Leben-Seins in den unterschiedlichen Seinsarten beobachten. Essenz kann nur in einem lebenden Beispiel erkannt werden. Manchmal sind Leute durch Form überrascht, weil die Essenz so stark in ihren Qualitäten erstrahlt. Ich meine hiermit nicht Gefühle der Gesundheit und Gefühle der Krankheit. Die grüne Welt, neue Freundschaften, Entdeckungen, Gegebenheiten, das Gefühl des Wassers, unsere Freude am menschlichen Körper und seine Vorstellungen, dies sind die Gebiete, in denen die Essenz gedeiht. Wie wir jemandes Gegenwärtigkeit erkennen, wie sich das Leben der Menschen in ihren Körpern abzeichnet, wie die Seele zu ihrer Führung geht und mit dem erhaltenen Auftrag einverstanden ist. Versuche, dir dieser lebendigen Fähigkeiten bewusster zu werden, und sei glücklich.

1:103–104

GELÜSTE

Wenn du Gott liebst, so liebt dich Gott (3:31).

Kannst du sagen, du hättest wahre Entspannung für deine Sehnsucht in den Freuden der Freundschaft oder in der sinnlichen Verzückung des Begehrens gefunden? Mohammed rät, dass wir mit einer grösseren Liebe verschmelzen.

Wenn du sagst, dass du diese Erweiterung in der Freundschaft oder im Begehren gefunden hättest, so würdest du lügen, obwohl es wahr ist, dass Menschen vor Lust glühen und erbleichen, wenn sie denken, dass sie einen Liebhaber verlieren.

Die Gelüste ernähren den Erhalt des Lebens, *um zu lieben,* und da existiert eine grosse Leidenschaft, innerhalb derer diese anderen Zusammenführungen ihren Auftritt haben. Eine Absicht durchzieht das Verlangen und sucht nach *äusserster* Befriedigung.

1:110–111

AUFRUF ZUR FREUDE

Der Gebetsruf vom Minarett kommt zu uns von aussen herein. Andere Rufe kommen aus unserem Innern, die animalische Energie, die zahlreichen Wünsche, sogar unser Hingezogensein zu der Reinheit der Engel. Ich bemerke, wie jeder Teil meines Körpers und meiner Aufmerksamkeit bereit ist, jede dieser heftigen Sehnsüchte zu empfangen. Ich habe mehr davon als die meisten, weil ich um mehr *bitte*. Sie kommen als Geschenke. Wenn mein sexuelles Begehren befriedigt ist, fühlt sich mein ganzer Körper zufrieden und friedlich. Und schöne Frauen anzuschauen erfreut mich sehr. Warum sind Leute so aufgeregt über diese Dinge, wenn alles, was sie zu tun haben, darin besteht, in der Liebe der Gegenwärtigkeit zu leben? Ich bin aufrichtig damit, und der Weg der Freude und der Befriedigung wurde mir eröffnet. Es gibt zahlreiche verschiedene Wege. Einige haben mit anderen nichts gemeinsam. Meiner ist für mich einmalig, und ich freue mich ausserordentlich darüber. Die Welt, die ich sehe, ist sogar schöner und freudvoller als jene, über die allgemein Einigkeit besteht. Viele Leute wollen wie ich sein, aber ich habe keinen Wunsch, so zu sein wie sie. Dies beweist, dass mir ein herrlicheres Leben gegeben wurde als das, was sie leben. Gott weiss es am besten.

1:116

UNVERSCHÄMTER SCHERZ

Ich wurde mir dessen bewusst, dass ich, je besser ich mit jemandem befreundet bin, desto unverschämter mit ihm werde. Höflichkeit ist angebracht bei Fremden, aber mit einem Freund gibt es keine Zurückhaltung, es braucht keine Einschränkung.

So betrachte dies. Es gibt keinen näheren Freund als den FREUND, keiner erträgt mehr unerhörtes Verhalten als dieser, keiner nimmt mehr Standesdünkel und Hänseleien hin. Lass den spontanen metaphysischen Scherz zu Feuerstein werden, oder werde weissglühend; es wird noch immer innerhalb des Horizontes dieser FREUNDSCHAFT gehalten.

1:128–129

IN JEDEM

Ich habe mich gewundert, wie irgendein Lebewesen mit dem Göttlichen vertraut sein kann, ohne davon etwas in sich selbst zu haben. Wie können die Geschöpfe sich ausruhen und ihre Freude finden?

Eine Antwort kam: Alles kommt von Mir. Ich bin in jedem Mitgefühl, Begleiter, in jedem Unglück, Lust, einem Gespräch unter Freunden, gemurmelten Geheimnis, einem Strauss süssen Basilikums, jeder Vorherbestimmung, in der verändernden Natur deines Wollens, im Gebet, in der Liebe; alles fliesst heraus und kehrt *hierher* zurück. Blätter, Äste, Blütenkelch, jede Ursache und Wirkung, die Rückkehr aus jedem Schlaf ins Aufwachen.

1:129–130

WAS ICH GERADE GESCHRIEBEN HABE

Weil die Menschen die Fähigkeit haben, Gnade zu empfangen und den Wein der Ewigkeit zu schmecken, weil sie Heuchelei erkennen können und sich davon und von anderen Impulsen, die für die Liebe zerstörerisch sind, reinigen können, werden sie wohl mit der Zeit der Form überdrüssig und sehnen sich nach der Quelle selbst.

Eine solche Person sieht nichts, wovor sie sich in dieser Welt fürchten müsste, noch ist sie mit dem Empfang von Belohnungen oder dem Vermeiden von Bestrafungen im Hier oder im Danach befasst. Sie hat keine Urteile in irgendeiner Weise über irgendetwas. Ihre einzige Nahrung ist die Gegenwärtigkeit des Freundes, das Spüren und das Erinnern seiner Nähe. Wenn er oder sie stirbt, so beenden die Organe ihre natürliche Funktion, und das menschliche Selbst füllt sich mit Liebe und stirbt aus dem Menschsein, um in Gott zu leben.

Mein Gebet ist, dass das, was ich gerade geschrieben habe, für mich wahr wird. Lass den Liebenden und den Geliebten hier am selben Ort, in meinem Herzen, leben. Indem ich diesen Satz schreibe, fühle ich, als ob ich den Freund sähe. Dieses Schreiben tritt in mich ein wie in eine mit Juwelen geschmückte Braut, erfüllt vom Licht der Leidenschaft und Liebenswürdigkeit.

1:130

GEFÄNGNIS UND GEGENWÄRTIGKEIT

Sie fragen: Kann eine Person an der Gegenwärtigkeit im Gefängnis Freude haben? Ich sage, Joseph, der Sohn Jakobs, hatte diese Erfahrung, weil er die Wahrheit durch sich fliessen liess, was auch immer geschah. Wenn ein guter Mann etwas gegen seine Natur tut, so macht er sich grosse Sorgen. Er sollte auch für seine Reue und für die Leiden, die er sich und anderen zugefügt hat, glücklich sein, und sogar für seine Verwirrung über die Art, einen Fehler einzusehen. Er weint, um gereinigt zu werden. Lass dieses Weinen und die Liebe Gottes genug sein.

Es gibt immer ein Hin und Her zwischen Gelächter und Tränen. Wenn das Weinen kommt, fühlt man die Trennung. Wenn das Lachen geschieht, wissen wir, dass wir wieder in der Gegenwärtigkeit sind. Wir haben sie nie verlassen. Ein Kind wächst glücklich in der Gnade lebend auf. Dann wird sie oder er ruhig und traurig. Das Gefühl, in der Gegenwärtigkeit aufgehoben zu sein, verringert sich. Nur wer den *zikr* ohne Unterbrechung atmet, verliert seine Freude nie: keine Wirklichkeit als Du / einatmen – es gibt nur Dich / ausatmen. Solche Wesen sind sehr selten.

1:131

ZWEIFELND

Ihr Wissen versagt im Ungesehenen. Sie zweifeln und bleiben für diese Wirklichkeit blind (27:66). Du kannst diese Welt einem Mann, der seit Geburt stockblind ist, erklären, er wird aber verwirrt bleiben. Sein Unwissen hat keine Kraft, das schöne Gesicht dieser Welt zu begreifen. Die Schönheit bleibt in ihrer Herrlichkeit einfach, wie sie ist. Wenn man dir also vom Geist und vom Danach erzählt, und du bleibst unsicher, so verändern sich deine Zweifel nicht, aber auch nicht die Qualitäten und die *Tatsache* von Geist und Seele.

Ich sprach mit einem weisen Mann, meinem älteren Bruder, über die schönen und jungen Frauen und die paradiesischen Gärten. Er sagte: Wenn du dich jetzt mit diesen Dingen beschäftigst, wirst du im Ungesehenen bleiben. Bewege dich vielmehr zum göttlichen Geheimnis, und nur dies. Ich antwortete, dass ich die paradiesischen Flüsse *durch Gott* sehe, wie sie sich dauernd verändern und verschiedene Freuden spenden.

Mit Dir, wo immer Du bist (57:4). Bitte, um was du willst. Dann löse dich wie Honig in Milch auf. Die Türen werden sich öffnen, und du wirst sehen, dass du bereits in der Gegenwärtigkeit lebst.

1:137–140

DIESE REIZE

Ich sagte *Ehre für Gott,* und die innere Bedeutung davon kam zu mir. Wenn du dir Eleganz wünschst, so liegt ihre Vollkommenheit in der Gegenwärtigkeit Gottes. Dasselbe gilt für Reichtum, Autorität, Würde, *sama* und *sohbet* (die Praxis des tiefen Zuhörens und des mystischen Gesprächs). Sie alle erreichen Vollendung erst im Geheimnis. Was auch immer wir in dieser sichtbaren Welt lieben, wir werden sicher ihre Schwächen entdecken.

Wir werden lebendiger und perfekter, wenn wir diese Reize in die Gegenwärtigkeit nehmen. Lass sie leben in unserem Wesen, welches *dorthin* gezogen wird. Jede Freude an Licht, Farbe, Geschmack, Berührung, Duft und Klang wird mit unserer Erinnerung erfüllt. Wir werden leichten Herzens und feurig (37:99). Auch wenn ich mich fürchte, dorthin zu gehen, ich gehe, werde gehalten, geküsst und im Glanz gebadet.

Jetzt beginne ich *Allah Akbar,* Gott ist gross, zu wiederholen, und ich sehe die Schönheit der sichtbaren Formen dieser Erhabenheit, körperliche Stärke, Fahnen, eine Bergklippe. Ebenso, wenn ich den *zikr* spreche, so wird dieses Gespräch zum Frühlingswind, der tote Erde in Rosen, in vorbeifliessendes Wasser und in die Nachricht der Ankunft eines Freundes verwandelt.

Gemeinsam laut zu lobpreisen bringt einen Schlüssel hervor, der das Herz öffnet.

1:143

EINEN GESCHMACK BESCHREIBEN

Jemand fragte mich, was das Wissen sei, von dem ich spreche, und wie sich die Liebe, die ich erwähne, *anfühlt*. Ich sagte: Wenn du es nicht weisst, was kann ich da sagen? Und wenn du es weisst, was kann ich dann sagen?

Der Geschmack der wissenden Liebe hat keine Erklärung, und keine *Erzählung* wird je jemandem diesen Geschmack geben.

1:144–145

DIE SCHÖNHEIT EINES GESICHTS

Sage: Keine Macht ausser Dir, bis du diese Hingabe wirst. Wiederholung prägt deine Gewohnheiten des Geistes. Geduldige Übung verwandelt einen Stein in einen Karneol. Wissen lässt Wurzeln in Liebe und Liebe in Reinheit wachsen. Tue jeden Tag eine Arbeit in Grossartigkeit (55:29).

Wenn ich über die Natur der Liebe gefragt werde, so sage ich nichts. Ich weise auf die Tausenden von hingegebenen und prophetischen Seelen. Über die Liebe zu sprechen verdunkelt die Essenz. Was immer sich zwischen Liebenden ereignet, kann nicht erzählt werden. Es ist ein lebendiges Geheimnis. Schmecken und Spüren ist ohne sprachlichen Austausch. Lass es dir in deiner Seele, in deinem Herzen und in deiner Persönlichkeit schmecken. Schmecke den Geschmack mit deinem ganzen Körper und hier auf der Zunge. Aber nicht mit Sprechen.

Wie die Seele die körperliche Form betritt, lasse dein Selbst der Liebe in Gott eintreten. Die Schönheit in einem Gesicht ist der Ausdruck von Geheimnis, das Hineingehen.

1:145–146

KEIN SICHERER SINN

Sag: Niemand kennt das Ungesehene, ausser Gott (27:65).

Mit diesem Text stelle ich die Frage: Was denkst du über das Verrichten einer Arbeit, die weder für dich noch sonst jemandem Gewinn bringt? Hast du nicht immer eine Absicht im Sinn, wenn du aus dem Haus gehst? Gehst du je hinaus, schaust in alle Richtungen herum, gehst dann ins Haus zurück und sitzest dort ohne Absicht und ohne Grund?

Du planst häufig Arbeit, ohne zu wissen, was dabei herauskommt. Du pflanzest Setzlinge, ohne Gewähr, dass sie spriessen werden. Du gehst einen Geschäftshandel ein, ohne Sicherheit, dass er Gewinn abwerfen wird. Viele erreichen den Punkt nicht, auf den sie sich hinbewegen, aber das heisst nicht, dass sie aufhören, es zu versuchen.

Gewissheit kommt nur mit Arbeit, die wir im Unsichtbaren tun, aber das können wir nicht wissen. Reisen dorthin zu unternehmen und dort Setzlinge zu pflanzen, enttäuscht nie. Die Heiligen, die Einsiedler und die Propheten sind vielleicht in der Lage, uns ihre Zuversicht zu geben, wenn wir mit ihnen arbeiten könnten.

1:146–147

GETRENNT VON ABSICHTEN

Wenn ich gestorben bin und dieser Körper zu Staub geworden ist, halte mich nicht länger im Unwissenden darüber, wie Du Dich in den Veränderungen, die geschehen, bewegst. Ich liebe Deine Handlungen. Ich weiss, dass alles *in Dir* geschieht, mein wahrer Begleiter. Wenn ich die Bewegung sehe, sehe ich, wie mein Sein mit Dir bewegt wird, so wie ihr Blut jedes Detail ernährt und sie sich in tiefer Achtung vor ihrem Herrn und Ernährer verbeugen (98:8).

Bäume und ihre Früchte, jede Berührung, die Freude bringt, was auch immer durch die Sinne kommt, beeinflusst die Intelligenz. Aber ich will mehr. Wie lange hältst Du mich von den *Absichten* entfernt, die hinter und innerhalb der Sinne wirksam sind? Keine Unruhe mehr, keine bescheidene Hingabe mehr. Lass mich *innerhalb* der Gegenwärtigkeit brennen.

1:147–148

EIN KÖNIG IM HALBSCHLAF

Ich erwache in Dir aus dem Schlaf. Ich drehe mich und halte Dich in den Armen, so wie ein König im Halbschlaf sich alleine wähnt, dann seine Braut neben sich im Bett spürt, ihre Haare riecht und sich daran erinnert, dass er Gesellschaft hat.

Langsam immer mehr erwachend, beginnt er zu sprechen. So erwache ich in Dir, die Freude, die sanfte Sprache, die Eleganz der Stunden, in denen wir in Wundern gehen. Ich nähere mich. Wenn meine Diener nach mir fragen, sage ihnen, dass ich nahe bin (2:186).

Dann erinnere ich mich an Moses, der in der Gegenwärtigkeit bewusstlos wurde, an das Gesicht von Jesus, die

Geheimnisse, die die Heiligen enthüllen, Mohammeds feste Haltung, Liebende, die in ihren Liedern verschmelzen, und ich weiss, dass mir *diese Füsse* gegeben wurden, um das Staunen, das Du ihnen gegeben hast, zu gehen.

1:150

DIE QUALITÄT VON DEM, WAS STIRBT, UND DIE ERHABENHEIT DES NICHTOFFENBAREN

Jeder, der die Bedürfnisse des Körpers ablehnt, erfüllt eine tiefere Sehnsucht seiner Seele und seines Herzens und seines Glaubens. Die Bedeutung von Anbetung ist folgende: Wir widerstehen dem Drängen des Physischen, um uns an der Erhabenheit des Nichtoffenbaren zu erfreuen. Die Berührung des Bodens mit der Stirn im fünfmaligen täglichen Gebet bezeugt diese Absicht, aber du hast das Gegenteil getan, indem du die Eingebungen deines Körpers beachtet und nicht zur Kenntnis genommen hast, was du aus dem Zentrum deiner Seele hörst.

Du kannst nicht zwei Fundamente haben. Entweder stehst du und handelst aus deinem Herzen und deiner Seele, oder dein Leben fliesst aus der tierischen Seele, den *nafs,* deiner Lust und Gier und Vergesslichkeit, welche dem, was stirbt, eigen sind und sich nicht unterwerfen, um Gottes Mitgefühl zu empfangen.

1:151–153

BROT UND LOB

Ich dachte über das Stück Brot und den Schluck Wasser nach, die ich gerade gegessen und getrunken hatte. Da kam mir diese Offenbarung: Jeder Bissen Brot und Geschmack der Frucht hat eine Zunge und eine Sprache des Lobes, welche ausgelöst werden, wenn sie den menschlichen Körper betreten.

Die entsprechende Umwandlung betrifft auch die Einflüsse, die von den Sternen kommen und Materie in die Elemente umbilden: Erde, Luft, Äther, Feuer und Wasser. Diese werden dann zu Pflanzen, welche zu Tieren werden und schliesslich zu menschlichen Wesen, deren anpassungsfähige Sprache zu Lob für das Mitgefühl Gottes werden kann wie auch für seinen Ärger.

Ich sah Brot und Wasser sich auflösen und durch meine Organe fliessen, in sich die Eigenschaften des Geheimnisses tragend. Sie waren Blumen mit der Fähigkeit zu sprechen und sagten: Es gibt nichts, was nicht feiert und lobpreist (17:44).

Weil meine Gedanken und mein Gedächtnis Blumen in der Hand des Geheimnisses sind, das die Existenz unterstützt und anregt sowie die Schriften gibt, bete ich darum, die Weisheit in der Form von Büchern zu erhalten, um den Geschmack der Liebe und die Freuden der Ausbreitung zu übermitteln. Missachte diese Schriften nicht. Der gefallene Engel Satan sah nur die äussere Erscheinung Adams. Er sah die Essenz nicht. Innerhalb dieser rauen Worte sind Geheimnisse. Verpasse sie nicht.

1:168–169

DIESE HERRLICHKEIT DER LEERE

Wo ist die Urquelle von Freude und Trauer, von Sein und Nichtsein? Befriedigt irgendetwas, ohne dass ein Gegenteil in die andere Richtung zieht, in Richtung Verderbtheit? Wir wollen das, was wir nicht haben. Aus dem Bereich der Nichteinheit kommt eine Heilung für unsere Sehnsüchte nach Ewigkeit, Erleuchtung, langem Leben, der Schönheit der Frauen, Anerkennung und Würde.

Du bist dort in Nichtigkeit. Ich vernichte mich in Deinen Eigenschaften. Bewusstsein löst sich auf jenseits von Zeit und Raum. Ich beobachte das Wachsen und den Zerfall. In dieser Herrlichkeit der Leere, wo werde ich leben? Nirgendwo kann man Fuss fassen.

1:172–173

EINE STUNDE

Alif Lam Mim

Wenn Gott *Wir* sagt, was bedeutet ICH BIN, dann wird jedes Fürwort, das ich verwende, überflüssig. Bezeichnungen fallen wie Blütenblätter. Weisheit kommt, und ich fühle solche Freude durch mich fliessen, dass ich Angst habe, meinen Sinn davon zu verlieren. Ich sage mir: Erkundige dich, wie Liebende, Geliebte und die anderen Arten der Liebe als ein Einziges existieren.

So wie es mit den Eigenschaften Gottes und den menschlichen Wesen ist, so ist da eine Einheit der Liebe. Im Herzen gibt es keinen Platz für Unterscheidungen, nur Einheit und das Geliebte. Ich würde Bücher, Heimat, meine Tugenden und Ruf – alles hergeben für eine Stunde innerhalb dieser Gegenwärtigkeit.

1:174–175

FRAGENDES ARGUMENT

So sprach Gott zu Mohammed und sagte: Wir haben dir den Sieg gegeben (48:1); da gab es Gemeinschaft zwischen ihnen, Wir haben dir ein Buch herabgesandt (4:105); und haben Wir nicht dein Herz geweitet (94:1)? Sie sprachen miteinander wie Freunde. Hat jemand anderes eine solche Erfahrung gemacht? Und da das göttliche Geheimnis ein Teil von allem und jedem ist, muss da nicht solche Nähe innerhalb von jedem sein?

Auf dieses fragende Argument kam eine Antwort. Es gibt für jede Seele einen einzigartigen Weg. Einer erhält Schmerz, der andere Liebe, ein anderer Lust. Einer muss durch schreckliche Bestrafungen hindurch, ein anderer erfährt grossen Trost.

Aber der Weg Gottes für die Propheten ist auf einer anderen Ebene, wo Wunder und Gnade und Einsichten in die ungesehenen Welten geschehen. Bemühe dich um diese Ebene. Sonst wirst du so weiterfahren und mit Gott über Hitze und Kälte, über Nahrung, über deinen Lebensunterhalt, über Schlafen und Wachen sprechen und die verschiedenen menschlichen Vermutungen hinsichtlich des Unerklärlichen.

Mein Gebet ist dies. Wenn ich mit Dir alleine bin, lass mich die Freude einer aufgegebenen Liebe fühlen. Gib mir die Einheit, so wie ich dasitze, jenseits jeder Befriedigung irgendeines Verlangens.

1:188–189

MEHRERE IDENTISCHE TRÄUME

Ein gewisser Richter versucht mir den Titel zu nehmen, der mir von Mohammed durch die Träume in einer einzigen Nacht von vielen guten und edlen Leuten hier in Balkh verliehen wurde. *Der König der Gnosis.*

Ich sprach mit Gott darüber. Dieser Richter hat mehrere tieferliegende Beweggründe. Er ist wie ein Mann mit einer geheimen Lust. Er kann nicht anders, als die Frauen anzuschauen, aber er will nicht *gesehen* werden, wenn er sie anschaut. Dieser Richter ist hinter gewissem Eigentum her, und er will auch meine Bekanntheit zerstören. Was für eine

Art islamischer Richter ist dies, dass er seine eigenen Beweggründe nicht sehen kann? Seine Freiheit und Autorität zu entscheiden sollte ihm entzogen werden. Wenn jemand in sein Haus eindringen und das Silber stehlen würde, würde er ihn mit tausend Klagen verfolgen, und wenn er den Fall verlöre, so würde er sagen, dass der Islam verdorrt und weggeblasen wurde.

Unsere geschätzten Träger des Geistes hatten identische Träume von einem strahlenden alten Mann, der auf einer Anhöhe stand und mich rief: *Sultan ul-Ulema,* König der Wissenden, komme heraus und lasse die Welt an deinem Licht sich erfreuen. Du wurdest zu lange vernachlässigt. Komm heraus.

Es gibt da einen Marvesi-Eunuchen, der mehreren Familien hier dient. Er erzählte mir, dass er von Mitgliedern dieser Familien gehört hatte, wie sie einander ihre Träume erzählten, in denen der Prophet mir diesen Titel gab. Wie kann man eine solch spontane Enthüllung für *nichtig* erklären? Durch welche Autorität? Der Diener sagte, dass er selbst eine grosse Versammlung gesehen hatte, die rief: Gesegnet seien die Freunde von Bahauddin, Sultan der Gelehrten. Folgt daraus nicht, dass die Feinde verflucht werden? Gott weiss und wird vollenden, was am besten ist.

1:190

GROSSES WOHLSEIN

Segen kommt leicht und unverlangt zu denen, die in einem Zustand grossen Wohlseins sind, aber wenn es uns schmerzt und wir verwirrt sind, dann müssen wir um die Segnung *bitten.*

Ich werde so handeln, dass mein ganzer Körper das Paradies des Verlangens empfängt und die Nymphen, die es geniessen.

Schöpfung bedarf keiner Werkzeuge oder Instrumente zu diesem Werk. Ereignisse und Gegenstände erscheinen und verschwinden in Stille, ohne Befehl oder Widerspruch. Ein Weizensamen wird weich und zerfällt. Dann erscheint ein Spross, und eine neue Pflanze beginnt. Bäume und Früchte erneuern sich auch so. Nun betrachte dein Leben, wie deine Gebete leer und verwelkt hin zum Wunder der wiederhergestellten Freude gehen.

1:191–192

STÄDTE UND GESEGNETE FINSTERNIS

Die Erde ist ein breites Bett (78:6), wo ihr wie Könige in euren Körpern ruht, in euren Gesichtern, wo euch die Berge stark und stabil wie Holzpflöcke halten.

Wir haben euch Städte gegeben, so dass ihr erfreut in Paaren und in Freundschaft leben möget, und Wir haben die Nacht zu einer Umhüllung gemacht (78:10), unter der ihr auf den Augenblick wartest, wo Wir euch aus dieser gesegneten Finsternis in eine andere nehmen werden.

1:194–195

BLINDES VERTRAUEN

Ich fühle die Eigenschaften Gottes, besonders das Mitgefühl. Dies will ich immer.

Antwort: *Sei aufmerksamer für jene, die Meine Liebe in den Vorraum deines Seins tragen.*

Ich beobachte die Träger dieser Gnade. Sie sind wie die Intelligenz, die das Anerkennen der Freude in jeden Teil meines Körpers trägt. Aber ich will Dich unmittelbarer fühlen.

Sei wachsam auf die Könige, die Meine Grossartigkeit enthüllen. Du siehst nur die Erscheinung, nicht die innere Arbeit.

Ich spüre eine weitere Antwort nahen: *Gib dich selbst in der Art, wie Samen gepflanzt werden. Verschwinde in der Erde, keine Spuren, wie ein Baum zu wachsen beginnt, mit Ästen, die ihr blindes Vertrauen in den Himmel strecken. Grosse Mannigfaltigkeit wächst aus Vertrauen.*

1:200–201

STECHMÜCKEN

Ich las die schöne Sure mit dem Anfang: Ich nehme Zuflucht im Herrn der Dämmerung (113:1). Ich möchte für den türkischen Mann weinen, der den ganzen Tag mit solchem Zorn auf mich arbeitet. Es *ist* eine Dunkelheit verbreitende Feindschaft. Ein leerer, bewusstseinsloser Nachtmann, betrunken und darüber gebrochen, dass er *nicht* Zuflucht in einem Herrn des Schöpfungslichts nimmt. Ich fürchte den rücksichtslosen Aufruf und schwanke unter ihm.

Im klaren Ozean des Morgenlichts können wir ein Krokodil oder aber einen Seehund treffen, friedlich wie der Familienhund. Wir können eine Perle finden oder eine leere Muschel. Wie der Tag auf- und wieder absteigt, so sind beide Ergebnisse möglich.

Jemand fragt: Warum veranlasst Gott einen Weg zum Erfolg und dann einen anderen? Ich antworte: Wir können es nicht wissen oder darin eingreifen. Wir wissen nur, dass da ein Weg ist, auf dem wir gehen und auf dem wir sagen: *Alle Ehre gehört Gott.* Bis dahin reichen unsere Planungen.

Ereignisse und Beweggründe werden sich ergeben, wie sie sein müssen. Eine Herde breitet sich tagsüber über das ganze Feld aus und kommt am Abend wieder zusammen. So wie Stechmücken ihren wahllosen und geschäftigen Kurs zurück zu ihrem Nest in einer Pfütze fliegen, so werden auch du und ich zur Rückkehr gezogen (4:87).

1:207–208

BESTÄNDIGKEIT

Seelenanleiter und Propheten verfügen über eine angeborene Unschuld, aber sie sind denselben Folgen unterworfen wie sonst alle anderen. Wenn ein Esel vom Weg abweicht, wird er mit einem Stock geschlagen. Wenn du Unrecht tust, wirst du bestraft. Abu Bakr sagte, dass Beständigkeit die zentrale Tugend ist. Aus der Stabilität des Geistes kommt die richtige Handlung, welche ihrerseits die Intelligenz ausgleicht.

Man fragte mich, warum Propheten Mühsal erlitten. Ich sagte, dass es hilfreich ist, klare Anweisungen zu haben. Und ich fügte still für mich selbst hinzu: Sei bescheiden wie ein Gefangener. Verbeuge dich vor dem, der dich befreien kann.

> Weit jenseits der Reichweite ihres Duftes,
> versuche ich mich an die Sehnsucht zu erinnern
> und sie in Worte zu fassen.

1:210–211

DICHTES WURZELWERK

Jemand fragte nach der *Furcht vor Gott*. Diese Furcht ist dein Gebet um Zuflucht. Andere Ängste sind verschieden. Diese Furcht ist dort, wo du deine Zerbrechlichkeit kennst, wie die dünnen Zweige eines Baumes, der einen dicken Stamm und ein dichtes Wurzelwerk hat.

Gott weist Moses an, ohne Angst den Schlangenstab aufzuheben (20:21). Ich bitte um Schutz wegen meiner Ängste vor Krankheit, vor Tod, vor Bedrücktheit, wegen meiner Ängste vor Zahmheit, Hässlichkeit und Mangel an Begehren. Verändere sie zu Schönheit und Leidenschaft. Lass nichts zwischen Dich und mich kommen, auch keine Kinder oder Familie. Lass meine Sicht ohne Schleier sein (83:15).

Warum sitzen wir hier in Angst vor dem Tod und erregen uns über Bagatellen? Freunde, wir sollten nicht so besorgt sein. Stattdessen verbeugen wir uns zusammen im Zittern, das den Schutz des dicken Stamms und des Wurzelwerks herausfordert.

1:212–213

JEDE KRÄFTIGUNG

Mein Gebet an das Geheimnis ist dies: Schaffe in mir eine Vielzahl von Wegen, um Dich zu begehren, und verdeutliche mir die Folgen von allem, so dass alle Teile meines Körpers am Wunder teilhaben können. Und ich bete, dass meine Suche nach Gott kräftiger werde, wenn andere Begehren über mich kommen, das Licht meiner Augen und meine Ohren leuchtender werden. Alles wird schärfer. Gib mir die Flügel des stärkeren Drangs. So wie deren Flügel den Vögeln dienen, so lasse meinen Wunsch dieser Sehnsucht dienen. Werde ich Dich mit meinen Augen in der sichtbaren Welt sehen, oder kennst Du einen anderen Weg im Unsichtbaren?

Die Antwort kommt: *Deine Knochen und Haut, deine Organe, die gesamte Struktur deines Körpers ist lebendig mit deiner Gegenwärtigkeit. Du, Bahauddin, bist in allen Gliedern, im Schlag deines Herzens, deinem Gehirn, deiner Brust, gegenwärtig. Du fliesst fortlaufend durch jeden Abschnitt. Diese Teile sehen dich nicht, aber du bist genauso sicher in ihnen, wie Wir jeden Bestandteil der Welt, die Temperaturwechsel, jede von dir gefühlte Kräftigung, den leichtesten Genuss bewohnen. Alles kommt unmittelbar aus dieser Gegenwärtigkeit.*

Ich führte dieses Gespräch fort. So kennt Dich jeder Mensch gemäss dem, was in seinem Leben geschehen ist, die Verluste wie auch die grosse Freude. Ich werde nun versuchen, mich mit drei Schritten zu führen: einem Schritt des *Lobes* für die Herrlichkeit, dem zweiten aus meiner *Sehnsucht* und Liebe für das Geheimnis; und dem dritten Schritt, innerhalb der Dankbarkeit, mich auf die Zuflucht hinzubewegen. Diese drei, und nur diese, werden den Kern meiner Identität sein, während sie sich durch die Ereignisse mit verstreuten und bemühten Gedanken bewegt, von denen jeder etwas von diesen drei Arten der Hingabe trägt: zu loben und zu lieben und den Schutz Deiner Gegenwärtigkeit zu finden.

1:221–222

VIER VÖGEL

Abraham sagte, Herr, zeige mir, wie Du den Toten Leben gibst. Glaubst du nicht? Doch, aber bitte befriedige den Weg des Wissens meines Herzens (2:260).

Vier Vögel leben in jedem menschlichen Körper. Jede Nacht werden sie umgebracht, und die vier Körper vermischen sich. Jeden Morgen werden sie wieder lebendig und werden in vier getrennte Käfige gesetzt. Die Ente der Dringlichkeit und Gier, der Hahn des Orgasmus, dessen Schrei auch die höchsten Gerichte erreicht, der dekorative Pfau, der sich spreizt, um bewundert zu werden, und der Rabe, der will, dass sein Krächzen überall gehört wird.

Du fragst, wie der Herr die Toten wiederbelebt, aber du versuchst immer, lebendige Wesen weniger lebendig zu machen. Gott ist, wo Wesen leben. Dieser Boden, auf dem wir gehen, ist das Feld des Todes.

Gott sagt: Ich gebe Teilchen Leben. Ich mache, dass Vögel auseinanderfliegen und dann wieder zu einer Schar zusammenkommen. Beginne deine Suche nach dem Göttlichen, und warme Blütenblätter werden fallen und über dein Gesicht gleiten und die Kälte daraus waschen.

Einige denken, dass sich die Motte irrt, wenn sie sich selbstmörderisch in die Flamme wirft. Sieht sie nicht die Mottenteile, die am Fuss des Kerzenstocks zurückbleiben? Danach scheinen einige wie knusprig gebrannt zu sein, aber eigentlich sind sie ruhig und glühen innerlich.

Liebe versteckt sich in diesem Überrest,
dem Geheimnis der Liebe wie einem Falken,
gemausert unter der Haube des Falkners.
Wenn die Kerze entzündet ist,
verbrennen Tausende Liebende.

1:224

DER EINZIGE KÄUFER

Gott kauft im Austausch für den Garten Eden die Essenz, die du anbietest (9:111).

Ich kaufe deine Freundlichkeit, deine selbstlosen Regungen, jene um dich herum bieten nicht. Meintest du, *diese* wären interessiert? Willst du *zwei* Käufer, mich *und* die anderen? Was immer du tust, um beliebt zu sein, ist eine Zeitverschwendung. Sie sehen, und dann wenden sie sich ab. Macht dich dies traurig? Sei es nicht. Ich bin der einzige Käufer, den du je haben wirst.

1:228

WÜRDE UND WAHL

Bei dem Einen, der die Erde aufbaut mit Flüssen, die sich im Dunst unter den Bergen ergiessen, und mit zwei Ozeanen mit einem Stück Land dazwischen (27:61), wir verändern die Elemente zu verschiedenen Formen ohne ihr Einverständnis, aber menschliche Wesen, anders als Wasser und Bäume, haben eine Wahl. Ihnen ist Würde, Unterscheidungsvermögen und die entfaltungsfähige Weisheit gegeben, welche sich vom Tod zu neuem Leben bewegen kann, um dann wieder zu sterben und auf einer anderen Ebene der Existenz wiederhergestellt zu werden. Du hast viele Wahlmöglichkeiten über die Art, wie du lebst, arbeitest und überlebst. Nehmen wir an, du fällst ins Meer. Du kannst aufgeben und versinken, oder du kannst versuchen, schwimmend das Ufer zu erreichen. Die Rettung ist deine Entscheidung.

1:232–233

EIN WILD-VERRÜCKTER LIEBENDER

Als ich sagte *Allah Akbar,* Gott ist gross, kam eine Wahrheit. Die Kontinente und die Ozeane und was immer in ihnen oder auf ihnen lebt und geschieht, alle werden innerhalb dieser Gegenwärtigkeit getragen. Wenn diese Wesen und Ereignisse verschwinden sollten, so wird Gott sichtbar.

Mein Gebet ist: Gib mir ein solches Verlangen nach Weiden, nach dem Grün neben einem rauschenden Bach, dass Stroh und Abfallhaufen wie frisches Gemüse aussehen werden. Erfülle mich so mit strahlender Begeisterung, dass jeder Mensch auf der Strasse, der mir begegnet, wie ein Engel erscheint.

Mache mich so hungrig, dass eine Kruste Hirsebrot schmecken wird wie feiner Kuchen. Dies ist alles ein Gebet: Gib mir diesselbe Sehnsucht wie diejenige, die einen wildverrückten Liebenden antreibt, das zu suchen, was nicht gefunden werden kann.

Dieses nackte Bedürfnis lebt in mir als Gewissheit, mit der ich weiss, dass, was auch immer ich Falsches getan habe, überdeckt wird durch das grössere Mitgefühl, in dem wir uns bewegen. Dies ist die Bedeutung von *Allah Akbar.*

Ich dachte über die Abscheulichkeit nach, die Haji Seddiq begangen hatte. Aber warum sollte ich dies Gott gegenüber erwähnen, da alles, was geschieht, durch den Willen und in der Gegenwärtigkeit geschieht, egal, worum es sich handelt, auch die Handlungen von Haji Seddiq oder mein Leiden an ihnen. Sie sind dasselbe.

Offenbarung: Ich schaffe Erleichterung, wenn du den Koran liest, und durch dieses offene Beklagen. Tausende kommen wie du an Mein Tor, um ihren Schmerz herauszuschreien. Wenn ihnen nicht geholfen würde, würden sie dann wiederkommen? Ist nicht Mein Name *Allah?* Die Bedeutung dieses Namens ist ein Schutz vor Ungerechtigkeit und Unheil. Nimm Zuflucht vor deinem Schmerz und komme zurück, wann immer du musst. Wenn es keine Erleichterung in Meinem Namen gäbe, würde er ausgelöscht und vergessen. Und nicht nur Heilung kommt hieraus, auch grosse Schätze und Belohnungen, die sieben Ränge (71:15).

Ich antwortete: Wir sehen diese sieben Himmel nicht. Wir können nicht wissen, wie sie aussehen. Du zeigst es uns nicht, so können wir sie nicht sehen oder unsere Quelle oder unser Schicksal kennen. Die Fortschritte der himmlischen Stufen werden uns nicht gezeigt, was also bietest Du uns denn an?

Dies war schmerzhaft, meine Seele wollte aus dem Körper schlüpfen, um die Wunder Gottes zu sehen. Aber ich spürte, dass die Übergänge durch die Dichtheit der Schöpfung, durch Tod und göttliche Weisheit, sehr erschöpfend sein würden. Ich sagte: Ich werde bleiben, wo ich bin. Ich fühle mich der Gegenwärtigkeit hier nahe, und ich kann das Licht und die Qualitäten sehen. Wie ich dies sagte, sah ich mehr Licht und Gärten in Blüte, die sich in Verzückung öffnen und sich auflösen.

Meine Seele hat zwei Zustände, Bewegung und Stille. Die Bewegung füllt sich mit Energie einer Liebe und Zärtlichkeit, die tatkräftig überfliesst und sich Gott nähert. Der Zustand der Stille ist für das Ausruhen, wenn ich müde bin. Da fühle ich mich in Frieden, zufrieden und in Nichthandlung aufgehoben, mich niederlassend, die Ruhe liebend.

Ich sage dies zu mir alleine: Wenn du dich zerstört fühlst, so erscheinen jene um dich zerbrochen. Wenn du glühst, wandelt sich die Dunkelheit in schwarzes Licht. Wenn du Schmerzen hast, so verletzt dich sogar der Trost, den man dir anbietet. Wenn du Erfolg hast, so beweisen deine Rückschläge, dass sie genau das Richtige sind, perfekt.

1:236–237

OGHOL, DER NARR

Arbeite, wie du es als Gottes Arbeiter tun sollst, für die kommende Entschädigung (22:78).

Ich sagte zu Oghol, dem Narren, für den alles ein Anlass zum Spassen ist: Verkaufe deine Früchte ruhiger, so dass die Leute von dir nicht diesen Narrenakt erwarten und enttäuscht sind, wenn du keine Aufführung machst. So kannst du einfacher und ehrlicher leben.

Wasche deine Schale vollständig, sagt ein Hindumeister, *wenn du mehr Nahrung darin haben willst.*

1:237–238

ISLAM IST, UM FREUNDE ZU FINDEN

Die Religion des Islams ist, um Freunde zu finden, die Freude, Gesellschaft zu haben. Eine Person mit einer anderen ist glücklicher als eine allein, da gibt es keine Zweifel. Wir lieben es, jemandem unsere Sorgen erzählen zu können, was uns gerade schmerzt, und einfach nur mit jemandem zu schwatzen, leere Gespräche. All diese Geschäftigkeit mit dem Erwerb von Besitz und dem Errichten von Gebäuden haben in ihrem Kern den Wunsch, sie mit einem oder vielen Freunden zu teilen. Es müsste schon ein heiliger Einsiedler sein, um einzig mit Gott Freude am Anblick des Landes und am offenen Nachmittagshimmel zu haben.

Ich habe gehört, dass der König sagte, man solle Afzal tausend Dinar im Jahr geben, um in diese Stadt zu kommen; so macht man es in Bamiyan. Niemand gibt mir einen Laib Brot, aber Afzal erhält tausend Dinar. Betrachte seine Beziehung zu den Leuten, und dann betrachte meine.

Wie ich dies sage, kommt eine Offenbarung: Du bist auf dem Weg des Propheten. Keinem Propheten wurde je ein Gehalt gegeben. Im Gegenteil, sie hatten grosse Widerstände zu überwinden. Sie erhielten keine Hilfe, um Medizin, Astronomie oder Philosophie zu studieren. Ohne Unterstützung, ohne Vater oder Mutter oder Familie, beteten sie zu Gott, um auf dem schwierigen Pfad der Übermittlung zu bleiben. Viele Leute *beanspruchen* nun, dies zu wollen.

> Unwürdig, deine Trauer zu tragen, werden meine Augen
> zu diesen einfachen Trägern, die das Vertrauen tragen,
> das ich in dich und deine Treue habe.

1:245–247

FALLE, WO IMMER ICH FALLE

Wenn dich Meine Diener über Mich fragen, so bin Ich nahe und höre ihnen zu. Lass sie auch Mir zuhören, wenn Ich rufe (2:186).

Diese Passage stellt eine Verbindung mit unserem Gespräch her, den Fragen, die wir stellen, und den Antworten, die kommen. Ein Wüstenwind bringt Zweifel. Ein anderer gibt Hoffnung und Vertrauen. Es gibt immer einen Ruf und eine Antwort.

Ein Atheist fragt: Wo ist Gott? Zeig mir den Ort.

Ein lächerliches Verlangen. Ort gilt nicht für die Schöpfung, die in der göttlichen Gegenwärtigkeit geschaffen wurde. Der Standort ist *keine* Eigenschaft Gottes.

Zayn Zarawiye sagt, dass die Freitagszusammenkunft in der Moschee in Herat mit Fakhr-e Razi nicht allen Platz bietet, die sich versammeln wollen. Er beschreibt die Leute, die hineingehen und Kerzen halten. Der König hat befohlen, dass einer seiner Gehilfen mit einem goldenen Gürtel und einer silbernen Kappe bekleidet werde und den Abend an einem Platz nahe der Kanzel sitzen soll. Wer immer einen Gebetsteppich gegen Mekka ausrichtet, wird gesegnet sein.

Dann ist da Abu Hanifeh, der sie auf dem Pfad des Gehorsams führt, der den Koran, Gedichte und alte Sprüche liest. Qazi Abu Said ist gelobt für sein Zitat 2:37 über Adam, der von den Worten Gottes beseelt war. Sultan Oulia sagt, dass die Juden zu Mohammed Ali kamen und ihn baten, die Thora zu lesen.

Ich höre diese Dinge und stelle fest, dass ich weit unterhalb ihrer Werte bin. Ich werde nicht mehr länger dastehen und vor Leuten sprechen. Ich werde fallen, wo immer ich falle, werde aufstehen und weitergehen, ohne Angst vor Schande. Ich bin ein Erdklumpen in einem Feld, das gepflügt wird, und mache kleine Bewegungen.

Zeilen aus den Schriften erscheinen. Wenn das Unvermeidliche kommt, vorüberzuziehen … (56:1). Die Berge werden zerfallen zu kleinen Teilchen (56:5). Staub fliegt daher … (56:6). Ihr werdet in drei Gruppen aufgeteilt (56:7). Die gesegneten Begleiter auf der rechten Seite … (56:8). Und die Vordersten werden die Nächsten sein (56:10–11).

Diese Zeilen erscheinen mir bedeutungslos. Dann kommt eine Antwort auf meine Verwirrung: *In diesem Zustand sage zikr.*

DIE GESELLSCHAFT VON ANDEREN QUALITÄTEN

Ich habe zu viel gegessen, und so mag ich nicht beten oder predigen.

Ich sage zu Gott: Ich esse Nahrung, um stark zu bleiben und die Verbindung mit Dir nicht zu verlieren, aber ich habe die Mengen noch nicht im Griff. Wie *viel* soll ich essen, damit ich eine gewisse Begeisterung behalte und nicht in diese Stumpfheit verfalle?

Von Zeit zu Zeit packt mich Kummer und verschliesst mich in einer Art schüchterner Selbstverlorenheit.

Es gibt Zeilen von geheiligter Dichtung, die sagen, dass, wenn das Ziel es wert ist, du den ganzen Weg bis ans Ende gehen und das Leiden nicht beachten sollst. Wenn das Ziel aber nicht richtig ist, wirst du deine Zeit verschwenden, egal, was aus deinen Bemühungen erfolgt. Es ist wie wenn du Gold in Kupfer verwandelst. Alle verlieren.

Gute Projekte sind in der Gesellschaft von anderen Werten erfolgreich. Wenn du durch eine Wolke von Russ gehst, so fühlst du den Schmutz herunterkommen. Wenn du den Moschus des Obstgartens entlanggehst, so wirst du im Duft aufgenommen.

Diese Welt ist ebenso ein offener Himmel wie auch ein Abfallkübel, den einen Leben gebend, den anderen Tod; das Ergebnis wird nicht von dieser Welt bestimmt.

Drücke deinen Finger in diese Welt und halte ihn an deine Nase. Vielleicht riechst du Angenehmes, vielleicht riechst du Mist. Unterscheidung ist in diesen Angelegenheiten möglich.

Wahre Herzen bleiben wach, wenn Liebe möglich ist. Die anderen haben keinen Bedarf an Schönheit und keine Hoffnung darauf. Wenn du Gold in deiner Hand hältst, stell dir nicht vor, wie du es in Morast verwandeln könntest.

WIRF ES ZU DEN DIEBEN

Die Furcht vor dem Herrn unterscheidet sich von anderen Ängsten. Du brauchst eine gesunde Angst davor, was gefährlich ist, bevor du die Furcht vor dem Herrn erreichen kannst. Viele erreichen sie nie. Du kannst wie ein leichter, dünner Ast sein. Du siehst schwach aus, aber das feuchte Innere ist mit einer Pfahlwurzel verbunden. Halte fest und habe keine Angst (20:21). Moses zitterte, aber er war kräftig bis in den Kern.

Sie sagten zu den Leuten: Eine grosse Armee hat sich gegen euch versammelt. Ihr solltet Angst haben. Aber dies steigerte ihren Glauben. Sie antworteten: Gott ist unser Beschützer (3:173).

Übervorsichtige Händler haben wegen ihrer Furcht vor Verlusten keinen Erfolg. Mutige Händler machen zehnmal Verlust und steigen am Ende auf. Was immer du zu verlieren befürchtest, wirf es zu den Dieben, die deiner Karawane folgen, besonders wenn es dein Glaube ist.

Was immer du stark liebst, nimm dir Zeit dafür, und wenn du abgelenkt wirst, so komme so bald wie möglich zurück. Es mag manchmal sogar einen Konflikt geben zwischen dem, was du liebst, deinem Glauben und dem Schutz deiner Kinder. Bleibe bei dem, was am meisten im Einklang mit der Liebe ist, und das andere wird verblassen.

Furcht hat zwei Formen. Eine ist Sorge darum, ob sich die Anstrengung *lohnt*. Menschen, die in diesem Engpass zwischen Ja und Nein gefangen sind, bleiben gequält und verwirrt. Die zweite Form der Furcht besteht darin, ob du es je schaffen wirst, das zu erreichen, was du liebst. Lass diese sich auflösen. Gehe vorwärts in die innig geliebte Richtung, und gehe weiter dorthin, ausser es wird dir gezeigt, dass dies *absolut* unmöglich ist.

1:263

HIER SITZEN WIR

Ein Mann arbeitet für mehrere verschiedene Leute, die ständig uneinig sind. Ein anderer arbeitet für einen einzigen. Vergleiche die Qualität ihres Lebens (39:29).

Ich könnte es so sagen. Du überlädst dein Boot so stark, dass es im Hafen fest auf dem Grund sitzen bleibt. Es wird nirgendwohin fahren.

Du hast so viele Projekte, dass du dich hinlegen und ausruhen musst. Du machst eine sorgfältige Bestandesaufnahme einer Ladung ohne Zielort. Die Schwierigkeit deiner Arbeit ist lächerlich.

Du sagst: *Ich tue dies für meine schönen Kinder und deren Kinder, für diese Kultur der Geschäfte und Dörfer, für die Zivilisation.* Grossartige Absichten. Diese sind wie Bilder auf gesticktem Rahmen, die du hinstellst, um die Landschaft selbst nicht zu sehen. Entferne diese Bilder, da sie eines Tages sowieso entfernt werden. Schaue *durch* deine ehrenhafte Stellung und deine Nachkommenschaft.

Nun sitzen wir hier, in Details vergraben, damit beschäftigt, ein Spiel zu gewinnen, und besorgt, dass wir sterben werden. Dies sind unbedeutende und billige Zaubertricks. Erinnerst du dich an die Geschichte von Salomon, der ein Boot mit Vorräten belud, um damit auf das Meer hinauszufahren und einen Walfisch zu füttern? Er half uns zu sehen, wie unnötig unsere *Planung* ist, diese vorgenommene Tagesordnung, über deren Umfang wir streiten.

1:264–265

DER ORT DES LOBES

Gott bringt ein Gleichnis, eine Geschichte wie ein gesunder Baum (14:24). Es gibt giftige Worte, welche die Haut verbrennen, und es gibt gute Worte, wie den Schatten und die Früchte eines Gleichnisbaumes, die das Herz zufrieden machen.

Deine Anhänger und Jünger, ihr macht alle die gleiche Arbeit, und doch wollt ihr bestimmen, wer oben und wer unten ist. Jeder denkt, dass er etwas Besonderes sei, und in dieser Eitelkeit reizt ihr euch gegenseitig mächtig. Ihr denkt, dass es nicht genug geben wird, daher kämpft ihr für *euren* Anteil wie Hunde.

In Harmonie zu sein ist der wahre Weg, nicht dieses Jucken von Gier, dieser enge Stall, wo du und andere Esel mit einem Stock geschlagen werden. Gehe stattdessen an den Ort des Lobes, in das Geheimnis, wo das Gebet uneingeschränkt ist und wo du den Genuss spürst beim Darbringen von Huldigung.

Jemand fragt, warum Gott Weisheit gibt und sie dann wegnimmt. Ich sage, dass es dasselbe ist, was wir mit Kindern tun, ihnen mehr zu erzählen, als sie aufnehmen können, und es dann zurücknehmen. Es ist wie Flusswasser und Staubstürme, die Segen bringen, auch wenn sie überschwemmen und erodieren. Dann klingen sie ab, und wir haben den Schaden.

1:267

WIR KÖNNTEN LÜGEN

Da gibt es jene, die sich und andere in sektiererische und streitlustige Gruppen unterteilen. Du bist nicht einer von ihnen. Dies wird deutlich gemacht werden (6:159).

Dein Begehren, was auch immer deine Aufmerksamkeit für eine gewisse Zeit erregt, ist wie ein Wind, ein fliehendes Pferd, das dich trägt und dann fallen lässt. Du hast keine Kontrolle darüber, wann dies geschieht oder wo du landen wirst, wenn es geschieht.

Religion, Glaube, deine »Hingabe«, dies sind verschiedene Arten von Behauptungen, dass du an Land wohnst und nicht mehr gefährdet bist von einem Strudel oder von Wellen, die ein Schiff hochheben können und es dann zerschlagen.

Jeder, der den Satz sagt: *Ich glaube,* kann in einer oder in zwei Arten lügen: Seine wirkliche Abhängigkeit kann im Genuss seiner Freuden oder in einer gehegten Bitterkeit über sein Leiden bestehen.

Erinnere dich und sei durch den Zweizeiler gewarnt:

Deine Augen sind meine Religion,
dieses dunkle Haar mein Glaube.

Rufe *Allah* an, die mitfühlende Gegenwärtigkeit (17:10). Innerhalb dieses Aufschreis hat dein Leben Erhabenheit, was auch immer geschehen mag. Die Handwerkskunst, die eine Stadt mit ihren schlanken Minaretten baut, kommt als Geschenk von dort, so wie auch die sich erhebenden Berge und die gewaltig sich ausdehnende Luft (51:47).

1:271

WARUM WEINEN WIR NICHT

Jemand fragte: Als Abbas, der König von Äthiopien, und Omar auch nur einen der wunderbaren geschenkten Koranverse hörten, da weinten sie. Sie weinten, und wir rezitieren ganze Kapitel, das ganze Buch, und bleiben unbewegt. Warum weinen wir nicht? Sogar diese steinernen Tierbilder im Schrein der hellsichtigen Frau weinten, als die feurige Gegenwart des jungen Mohammed näher kam. Vielleicht gibt es eine gewisse Widerwärtigkeit in der Trennung vom Freund, den wir nicht sehen, ein tiefes Sehnen, das wir nicht spüren. Vielleicht haben uns Lebensprobleme ausgetrocknet, so dass, wenn Gottes Liebesfeuer kommt, wir nicht weinen wie feuchte Zweige, die in der Hitze ihren Saft auslassen. Stattdessen werden wir zu grauer Asche. Ist es der weltliche Ehrgeiz, genannt Gier, der uns stumpf macht?

Liebende bleiben auf dem Pfad der Liebe, auch wenn ihre Familien von Löwen und Tigern zerrissen und gefressen werden. Alles wird weggenommen, aber dennoch ernährt die Gegenwärtigkeit des Herrn diese Wesen und lässt sie gedeihen.

1:272

DRAUSSEN NACH VERGNÜGEN SUCHEND

In welchem Zustand du dich auch immer befindest, erinnere dich, dass du *innerhalb* der Gegenwärtigkeit bist. Auf der Suche nach Vergnügen, insbesonders dort, habe ich keinen grösseren Genuss gefunden als die Mischung von Berührung und Liebe. Wenn du darin verzückt bist, erinnere dich daran, wer dir diese vergnüglichen Formen und Vorstellungen gegeben hat. Sogar wenn du eine Hirnschwäche hast, erinnere dich, wie die Energie von Erdbeben Berge zerreissen und Mauern aufbrechen lässt. Lass diese innerste Energie deine Zuckungen aufbrechen.

Wenn du einen gewissen Mann mit Macht fürchtest, die Bindung durch eine grosse Autorität, schmecke die Gegenwärtigkeit in diesen Ängsten sowie auch in tiefster Verbeugung.

Die liebe Unschuld von Kindern steigt aus dem verwirrten Durcheinander unserer Begehren hoch, so wie zermahlene Minze und Kalligraphie die Ränder unsere Huldigung verschönern. Wie wir lieben und *Lust empfinden* preist das Einfliessen von Licht in die Formen.

1:275–276

BEFREIE FÜR MICH DAS *MICH*

Ich habe den zentralen Faden der Achtsamkeit verloren. Ich hinke in dieser ungewissen Luft und bitte Gott, das zu tun, was immer er tut. Aber welches *Ich* von *mir* bittet? Da gibt es viele, einige schwankend, einige fest. Dieses Gebet ist: Bitte reinige für mich das *mich,* das Deine Gegenwärtigkeit will.

Aber dies führt erneut zu dem Problem, das Unteilbare zu teilen, was jenseits von Existenz ist. Unendliche Teilchen zerstreuen sich gegeneinander und durcheinander: Ich bin diese wogende Bruchstelle.

Hilf mir, jeden Atemzug als letztes Gebet zu fühlen. Meine Kinder sind Waisen, mein Körper wird zu Staub; die Akasha-Chronik ist voll von meinen Sünden. Es gibt für mich keine Lebenschancen mehr. Mach mit diesem »ich bin«, was Du willst, Du bist sowohl der Rosengarten wie auch das brennende Distelfeld, Du, der uns gesagt hat, dass in Dir das Geheimnis der Vergebung über der Wahrheit des Urteils steht.

1:278–279

ERNSTHAFTES FREIEN

Eine Versammlung von Gelehrten entschied, etwas Aufregenderes zu tun als ihre Gelehrsamkeit. Lasst einige unverheiratete Frauen hierherbringen, und lasst uns mit ihnen schwatzen.

Ein besonders hässlicher Mann unter ihnen war von der Tochter des Königs hingerissen. Keine schien ihm zu genügen ausser der Prinzessin. Habt euer Fest, sagte er. Ich habe andere Pläne.

Er ging unter das Fenster der Prinzessin und murmelte sein Gebet. Schliesslich bemerkte sie es. Ich kann nicht hören, was er sagt. Sie sagte ihrem Diener: Schau, ob er eine Nachricht für mich hat. Frage ihn, wovor er Angst hat. Natürlich, wenn er mich beleidigt, kann er seinen Kopf verlieren. So genau ist es. Der alte Mann hörte dem Diener zu, stiess einen lauten Schrei aus und fiel tot hin.

Zeig Mir den Weg (1:6) bedeutet: Bitte Mich, dir den Weg zu Mir zu zeigen. Ich antwortete: Zeig mir den Weg nach irgendwohin. Ich bin mit jeder Richtung von Dir zufrieden.

Ein Mann liebte eine Frau. Er bat sie, ihn in der Nacht zu treffen. Sie beendete ihre Waschungen und kam zu ihm, aber er war eingeschlafen. Sie steckte drei Walnüsse in seine Tasche und ging. Der Mann wachte auf und verstand ihr Zeichen. Du bist noch immer ein Kind, kein Liebender. Spiele mit diesen Walnüssen. Lass sie auf dem Boden rollen. Ein Liebender ist bereit, alles zu opfern, Leben, Wachen, Schlafen, den Sinn von Selbst. Wahre Liebende geben all dies leichten Herzens auf für die Möglichkeit, mit dem Freund zu sein.

1:293–294

WARUM SUFIS TOTENGEWÄNDER TRAGEN

Wie Sternbilder den Nachthimmel segnen (25:61), so leben wir in einem Haus, dessen Inneres erleuchtet ist, aussen ist ein dunkles Dach. Diese Helligkeit innerhalb von Pechschwarz ist die Wahrheit und der Grund, warum Sufis als äusserste Bedeckung Totengewänder tragen, so erscheinen sie nicht als in sich selbst vertieft. Auf der Strasse rufen sie: Wir sind tot. Wir haben nichts mit irgendetwas da draussen zu tun, und doch ist jeder Schmerz unser.

1:295

WENN ES KEINEN JOSEPH GIBT

Ich werde süsse Geduld haben (12:83). Helle Flammen im Innern erzeugen ein weiches Glühen aussen. Erleuchtung weiss, wie Gelächter sich in Schmerz versteckt. Nur wenn du liebst, kannst du die Abwesenheit fühlen.

Wenn es für dich keinen Joseph gibt, so bist du nicht lebendig. Jakob fühlte sich so glücklich mit seinem Sohn, dass sein Ruf nach dem blutbefleckten Hemd Kleid noch immer jedermanns Herz bricht.

1:295–296

JAKOB

Ich werde süsse Geduld haben (12:83). Äusserlich ruhig, im Innern brennend. Wo ist eine klare Person, die mit mir in dieses Gebiet voll von Geheimnishütern schaut, mit ihrem gefälligen Lachen und höflichen Lächeln? Im Innern weinen und stöhnen sie. Sehr wenige zeigen ihren Schmerz offen.

Eine grosse Tiefe öffnet sich, wenn man von seinem Freund getrennt wird. Nur dann ist ein menschliches Wesen ironischerweise lebendig. Wenn es keinen Joseph gibt, so ist Jakob nie wirklich Jakob. Wenn du nicht wenigstens eine gewisse Zeit mit deinem Geliebten in einem Garten verbracht hast und dann von ihm getrennt wurdest, wird dein Leben keine Leidenschaft oder lebendige Tiefe haben wie eine Geschichte aus der Schrift.

Jedes Ding hat sein Gegenteil. Wenn du ein Ding liebst, so hasst du das Gegenstück. Eine andere Wahrheit ist, dass es in jeder Situation immer gerade darüber eine bessere gibt. Dies geht so lange aufwärts, bis es das Göttliche erreicht, das dich überall umgibt, das du aber nicht siehst. Erweitere deine Sicht, und du wirst es sehen. Lebe innerhalb der Geschichte von Joseph und Jakob. Sitze und bitte, Gott zu sehen. Erflehe wie die Propheten. Es ist dein angeborenes Recht, das Göttliche gezeigt zu bekommen und es zu *sehen*.

1:303–304

WEGE, DAS UNGESEHENE ZU KENNEN

Mahmud Abdulrazzaq betete während dreier Nächte, dass es ihm gestattet sei, Mohammed zu sehen. An dessen Stelle sah er Bahauddin. Auch Abdullah Hindi träumte von Bahauddin auf einem Thron, mit Dienern, die goldene Fahnen trugen, und von Leuten, die sein Reinigungswasser, mit dem er seine Füsse gewaschen hatte, benutzten, um ihr Gesicht als Schutz gegen unsichtbare Bedrohungen einzureiben.

Die Schwester von Turknaz behauptet, dass sie in einem Wachzustand den Propheten gesehen habe, sowie auch andere Visionen. Solche Erfahrungen sind stärker als das Wissen, welches durch Erziehung kommt. Der Eine, der dir die Sinne gegeben hat, um die Welt aufzunehmen, gibt auch Wege, um das Unsichtbare zu kennen.

1:304–305

NIMM KEINE ANERKENNUNG

Frommer Glaubender, bleibe in der Nähe anderer Glaubender. Diese anderen, in ihrem Herzen wollen sie nur Schreckliches für dich. Wir haben dir Zeichen gegeben, um dies deutlich zu machen (3:118).

Mit echten Glaubenden ist dein Herz voll Mitgefühl für sie und voll Liebe für die Propheten und die Engel. Du wirst dafür im Unsichtbaren belohnt werden. Wenn Gott dir Wohlstand gibt, teile einen Teil davon mit jenen, die dienen.

Wenn Gott dich damit nicht gesegnet hat, entspanne dich. Mache dir keine Sorgen darum.

Ob du kämpfst oder nicht, ist deine Entscheidung. Wenn du keine Gewalt anwendest, wird es keinen Kampf geben. Wenn du aber kein sexuelles Begehren hast, so bist du tot, und wenn du davon zu viel hast, so wirst du in tausend Stücke zerschlagen, wie dünnes Glas in einem Windstoss. Je mehr du arbeitest, desto mehr Kraft baut sich in dir auf. Gewinn hängt von Aufwand ab. *Keine Stärke als die Deine ...*

Es gibt zwei Arten zu arbeiten. Eine fliesst aus deinem Herzen, aus der Essenz darin und ihrer Verbindung zum Göttlichen. Eine andere sorgt für die körperlichen Gelüste, für jene Befriedigungen. Es gibt eine klare Trennung zwischen dem, was dem Herz gefällt, und dem, was dem Ruf der *nafs* antwortet, den dringenden Körperbedürfnissen. Hilf uns, jene zu erhören, wofür sie da sind, und hilf uns, für unser Herzenswerk keine Anerkennung anzunehmen. Lass uns unsere eigenen Tugenden vergessen und für sie blind sein. Gott schütze uns vor Selbstbeweihräucherung.

1:310

FREUNDSCHAFT BRINGT SCHÖNHEIT IN DEIN LEBEN

Es ist die Tiefe und das Pulsieren der Freundschaft, die Schönheit in dein Leben bringen. Freundschaft ist der Boden, in den du deinen Baum pflanzst, die fruchtbare Grundlage für dein Blühen. Freundschaft schafft eine fortlaufende Lebhaftigkeit um dich herum und in dir. Der Freund mag ein Vogel sein oder eine Katze oder eine schwache Person, die im Sterben liegt. Jedoch wenn die Freundschaft stark ist, wird sie deinen Lebenskreis reinigen, so wie ein Tropfen Blut des Propheten den Boden reinigt, auf den er fällt.

Wahre Freunde opfern füreinander Reichtum und Ruf, alles. Wenn sie gefragt werden, warum, sagen sie: *Ich wünsche, ich hätte mehr zu geben.* Abu Bakr und die anderen Gefährten von Mohammed lebten in einer solchen Freundschaft.

1:315–316

SÄTZE VON WEISSEN VÖGELN

In meinem Traum flogen grosse, weisse Vögel, grösser als Gänse. Beim Fliegen lobpreisten sie. Ich verstand die Vogelsprache. Einer sagte: *Ich lobe Dich in allen Umständen,* und ein anderer sagte das Gleiche in anderen Worten, und ein anderer in einer noch anderen Wendung, aber ich konnte mich nicht entsinnen, was ich sagen sollte. Ich verstehe den Traum so, dass ich im Wachzustand fortlaufend für alles dankbar sein soll, und auch, dass es hunderttausend Arten des Lobpreisens gibt.

Diese Sätze der weissen Vögel beginnen in der Nichtexistenz, wo die Schöpfung aus einer Nichteinheit eine Einheit schafft. Was als Lobpreisung durch uns fliesst, kommt von dort, wo Moses und Jesus mit den anderen Freunden Gottes stehen.

In einer anderen Nacht, zwischen Wachen und Schlaf, sah ich eine Gazelle mit offenem Maul auf mich zukommen. Sie nahm meinen ganzen Kopf in ihr Maul und legte die Lippen in einem Bogen um meine Stirn, mein Kinn und meine Schläfen. Der Rachen der Gazelle wurde grösser und grösser. Sie hätte meinen ganzen Körper verschlingen können. Kurz bevor ich bewusstlos zu werden drohte, begann ich zu singen: *Keine Macht ausser Deiner, keine Macht ausser Deiner …* Die seltsame Feindseligkeit, die mich zu verschlingen versucht hatte, verschwand. Frieden kam. Jetzt weiss ich, wie sich Epileptiker fühlen.

In einem anderen Traum ass ich salzige Nahrung. Mein Gaumen wurde salzig. Ich erwachte mit einem Salzgeschmack in meinem Mund. Ereignisse finden hier statt, was niemand registriert. Universen überlappen einander. Wir werden auf eine Art geführt, die wir nie verstehen werden. Es sollte niemanden überraschen, wenn der Engel Gabriel kommt und Mohammed in einem Augenblick hinfort nimmt.

Jemand fragte: Wenn Gottes Gebote überragend sind, welche Wahl haben wir dann wirklich im Leben? Zwischen den Worten *überragend* und *Gebote* liegt ein grosses Geheimnis. Die göttliche Essenz ist nicht *wie* etwas, noch können wir sie untersuchen oder ihre Wirkungen studieren. Versuche *nur ein Ding,* das dir je widerfahren ist, bis an seinen Ursprung zu verfolgen. Stell dir nun vor, dass du seit deiner Geburt blind bist und dass du diese Welt nie gesehen oder irgendeine ihrer Bedeutungen erkannt hast.

1:316–318

DIE BESONDERE STÄRKE DER STAMMESABFOLGE VON MOHAMMED

Ich las den Koran, als plötzlich ein grosses Feuer ausbrach. Woher kommt ein so spontanes Feuer? Welche Elemente müssen vermischt werden oder gerade im richtigen Abstand zueinander sein, dass es an dieser Stelle zu dieser Zeit geschehen kann? Wir wissen, dass das Aneinanderpressen von einem Körper an einen anderen zu einem sexuellen Begehren führen kann. In der Kälte und im Feuchten bringt die Aufregung von hitziger Erregung Wirkungen hervor. Ich überdenke solche Dinge und sehe, dass jede Kreatur und Form sich in einer riesigen Alchemie von Nützlichkeit bewegt. Es ist wie eine vielfarbige, knifflige Seinsform, bei der, wenn du an einer Ecke anstösst, alle anderen antworten. Oder wie ein Flickenteppich, unter dem sich ein anderer, ebenso komplexer bewegt, die mit ihren durchsichtigen Zeichnungen andere Muster schaffen, in denen sich die darin spielenden Farben miteinander vermischen.

Oder sage, diese Welt ist ein tanzender Sufi, seine Hände bewegen sich in eine Richtung, sein Kopf folgt einem anderen Rhythmus, seine Füsse und seine Knie bewegen sich dazwischen, mit all den Teilen in einer verrückten, gebieterischen Gegenwärtigkeit, Haut, Haare, Augen, Stimme, Gesang: die rastlosen Wechsel dieser Welt. Und meine Seele ist eine biegsame Hohlform, die sich leert und verschiedene Formen annimmt, welche sich füllen und gegeneinanderstossen, überlaufen und sich verwandeln, und weitergehen. Diese Hände und Füsse strecken sich nicht aus oder schreiten aus eigenem Willen. Etwas Grösseres in ihnen und um sie herum bewegt sich durch sie hindurch.

Meine Mutter beharrt darauf, dass jeder grosse Scheich seine Grösse von seiner Mutter empfängt. Aber betrachte dies, Mutter. Wenn ich etwas falsch mache, so schreist du mich an, dass ich dafür verantwortlich sei. Wenn ich etwas richtig tue, muss ich wohl auch verantwortlich sein, da du dann mich *nicht* anschreist.

Ich habe versucht, etwas über die Göttinnen in Indien zu lernen. Yasimin sagt mir, dass die Anhänger den Devas Gold und Schmuck anbieten und dass ein grosser Wettbewerb besteht, wer das eleganteste Geschenk gibt. Die Göttinnen beschützen das Eigentum ihrer Verehrer und kümmern sich um ihre Anliegen. So kann man zum Beispiel in einen bestimmten Tempel gehen und dort zehn oder zwanzig Tage fasten und darum bitten, dass ein bestimmtes Problem gelöst werde. Nicht mehr bei vollem Bewusstsein vor Hunger und Durst, mag der Bittsteller in einer Art Trance hören, wie die Devas sagen, dass sein Wunsch erfüllt ist oder in zehn oder zwanzig Tagen erfüllt sein wird oder gar nicht. Wenn er eine solche Antwort erhalten hat, muss er den Tempelbezirk verlassen, ansonsten ihm ein Bild der Göttin im Schlaf erscheint und ihm ins Gesicht schlägt. Nicht das tatsächliche Standbild, sondern wunderbare Ereignisse begegnen einem in solch glaubensbeladenen Situationen. Yasimin sagt, dass, wenn jemand von ausserhalb, zum Beispiel ein Türke, einen dieser Tempel betritt und die Absicht hat, die Göttin zu beschädigen, er den Ausgang nicht mehr fände; er würde in der Dunkelheit herumirren und erblinden.

Ich sah einmal in einem Traum den grossen Sayyid Nasabeh. Dann gingen wir in unserer Freundschaft spazieren, und als ich erwachte, fühlte ich mich voll Energie und starkem Begehren. Ich erinnerte mich dann, dass Mohammed aussergewöhnliche Kraft für Geschlechtsverkehr gegeben war und dass sein *baraka* (die vielen Formen von Energie und göttliche Gegenwart, welche durch ihn kommen) sowohl durch seine Anhänger wie auch durch seine Familie weitergegeben wurde. Diese Stammesabfolge des Glaubens trägt in sich die spezielle Stärke und Potenz *(mojame't)* des Propheten.

1:323–324

EINE BRÜCKE NAMENS *SAARAT*

Sie fragten mich, was Gotteslästerung sei. Wie kann man Gott gegenüber untreu sein? Ich sagte, es geschieht, wenn es vollkommenes Licht gibt und du noch immer die Dunkelheit siehst; wenn du von Wundern umgeben bist und du noch immer teilweise die Verantwortung übernimmst und dir abschliessende Urteile vorbehältst; wenn du dich der Vision und der Einsicht, die dir gegeben sind, verschliesst.

Es gibt eine Brücke, die *Saarat* genannt wird. Sie reicht vom Sichtbaren zum Unsichtbaren, weniger als Haaresdicke breit, aber jedes Lebewesen könnte darüber gehen. Einige

Leute überqueren sie schnell, glücklich und lachend. Andere sind ruhig und nehmen sich ihre Zeit. Die Ungläubigen sind jene, die annehmen, sie selbst *wären* vielleicht die Brücke.

So wie sterbliche Leiden und Genüsse wahr sind, so sind auch die Freuden und Lasten wahr, die zum Geist kommen. Stelle dir am Boden den Ort vor, wo die Nachkommenschaft der Erde zerrissen und zu Teilchen zerkleinert wird. Von dort aus kann man reine Farben sehen, Welten von Sein und Nichtsein, die ineinander übergehen, kleine Szenen, die sich wie der Morgenglanz in das Licht des Königreiches öffnen, das um ein Vielfaches heller ist als das Sonnenlicht. Ich weiss dies, weil es vor meinen Augen erschienen ist.

Erinnere dich daran, wie Mohammeds Seele durch seine Lippen ausflog. Seelen *fliegen* davon wie Pfeile vom Körperbogen. Einige gehen wahrhaftig, andere achtlos und absichtslos.

1:324–326

FREITAGMORGEN

Freitagmorgen musste ich beim Erwachen eine Wahl treffen: den Propheten zu folgen oder den Gelehrten mit ihrer Rechtsgelehrsamkeit und ihren Predigten, mit ihren sorgfältig überdachten kulturellen Überwachungen. Ich wählte die prophetische Richtung. Ich nehme an, dass ich von Gott geführt wurde, so zu handeln. Ich werde anderen helfen, das Sein zu finden und die Erkenntnisse von Mohammed zu erlangen, ihm, der viel besser als ich versteht, wie das Leben geht.

Als ich mich daran erinnerte, was den Propheten geschah, wurde ich wieder verwirrt. Johannes der Täufer geköpft, Jesus gekreuzigt, Noah nicht beachtet. Abu Bakrs schreckliches Zahnweh, die erlittenen Leiden von Hiobs

Mutter und Vis[3], Abu Jahls Verhöhnung von Mohammed. Ich fühlte mich nicht in der Lage, die kühnen Verkündigungen von Johannes dem Täufer oder die seines Vaters Zakariya zu machen.

Dann erweiterte ich diese Gedanken. Alles, was geschieht, gut oder schlecht, tugendvoll, erniedrigt, alle Ereignisse geschehen innerhalb des göttlichen Willens. Jeder Prophet endet in Ehre. Es spielt keine Rolle, ob du im Leben früh oder spät dran bist: Gehe nahe an die Gegenwärtigkeit, und du wirst etwas Besseres. Geh in die Moschee am Donnerstag und am Freitag. Bete und wünsche, dass sich dein Wunsch mit dem Willen des Ganzen bewegt, der dich geschaffen hat (6:102) und weiterhin tut, was du tust (37:96).

1:327–328

DIE TOCHTER DES RICHTERS SHARAF UND ICH EINES MORGENS

Ich habe mich gefragt, wie die Nymphen des Paradieses, »die Weissen«, wohl sein werden. Vielleicht wie an jenem Morgen, als ich mit der Tochter des Richters Sharaf lag. Ich biss zart ihre Lippe, während ich sie umfangen hielt. Sie ist eine schöne junge Frau, aber ihr Rock wurde über ihre Mitte geweht wie bei einem spielenden Kind.

Sie flüsterte ununterbrochen in mein Ohr: *O Gott, Gott,* jenen anrufend, der uns die Freude unserer Körper gegeben hat, als sie sich zusammen bewegten. Ich küsste sie und atmete ihren Atem ein und aus in einer herrlichen Welle des Orgasmus.

---

3 Vis ist eine Figur in einem alten persischen Gedicht, *Vis-e Ramin*. Siehe Vladimir Minorsky, *Vis o Ramin, A Parthian Romance* (Cambrige: BSOAS, 1946), pp. 741–763

Der Koran sagt: Sie werden sich auf dem Ruhebett zurücklehnen (52:20). Wenn wir manchmal bedrückt oder in Schmerzen sind, flieht die Seele frei von dieser Traurigkeit in die Bewegung mit dem Verlangen nach einem Liebenden. Wie unsere Körperorgane auf das Zurücklehnen antworten, das sich mit körperlichem Wohlgefühl einstellt, so gibt das Zurücklehnen in den Sex auch der Seele Freiheit.
Zwei Ozeane, salzig und süss, fliessen einer durch den anderen (59:19). Keiner weiss, wer was ist, Leiden oder Freude am Rande, dem Riff, wo Perlen und Korallen Form annehmen.

1:328–329

BLEIB BEI DIESER TÜR

Wer teilt auf und verteilt Gnade? Warum wurde der Koran nicht an einen *bekannten* Mann gesandt?

Ereignisse geschehen nicht auf die Art, wie wir es wollen, noch sollten wir fordern, dass sie es tun. Dies ist Anbetung unseres Eigeninteresses, die Art, wie es die ursprünglichen Bewohner von Mekka getan haben, die *Makiyan,* als sie ablehnten, dass Mohammed ein Prophet war. Warum nicht Mas'ud Thaqafi oder Walid bin Mughireh?

Gott sagt: Schau das schöne Geschenk dieser Welt. Du nimmst dies gerne an, aber nicht dasjenige, wodurch ich meine Worte sende? Bleib bei dieser Tür und beachte die Wunder. Der Ausdruck von Gesichtern, die weissen Haare, die schwarzen. Jeder noch so schwache Geschmack, den du schmeckst, kommt direkt aus der Gegenwärtigkeit Gottes.

1:331–332

WARUM HERBST SAGEN

Jede kaltherzige und unbewusste Handlung, die du getan hast, wird zurückkehren und dir angetan (10:27).

Wenn du dir einen Blick auf die Intimität anderer Leute erschleichst, so werden sie sich einen Blick auf deine erschleichen. Freunde, erinnert euch in euren Läden, dass ihr innerhalb dieses Geheimnisses lebt. Gebt nicht zu wenig Wechselgeld heraus und betrügt niemanden. Dies ist kein gutes Geschäft. Seid nicht heuchlerisch und benutzt nicht die religiöse Handlung, um eure gesellschaftliche Stellung zu erhöhen. Tauscht keinen inneren Frieden für irgendein schmückendes Zeug.

Das Körpergefängnis öffnet sich im Schlaf für die jenseitige Welt. Die sechs Richtungen stellen einen von unseren Wohnsitzen dar. Es gibt andere.

> Das Auge der Seele sieht ein Bild,
> dann kommt das Begehren zu handeln.
> Warum sagst du, der Herbst ist das Ende des Liebens?
> Für uns wird wieder ein Frühling kommen.

1:337–338

GROSSE VERÄNDERUNGEN IN MIR, DIE ICH NICHT BESCHREIBEN KANN

Ich sagte dem hiesigen Astrologen, dass die Tatsache, dass er nichts sieht, nicht bedeutet, dass es nicht existiert. Ein Liebender kann im Gesicht seiner Geliebten ein bestimmtes Licht erkennen, das eine andere Person nicht sehen kann. Eine gesunde Person schmeckt im Essen eine Vielfalt von Aromen, die ein Patient mit belegter Zunge nicht schmeckt. Für den Kranken schmeckt alles bitter.

Grosse Veränderungen und Verwerfungen geschehen in mir, die ich nicht beschreiben kann, aber sie sind wirklich. Wege öffnen sich. Ein Duft vom Göttlichen kommt durch. Niemand sieht dies, aber es ist das tiefgründigste Ereignis in meinem Leben. Freundschaft kann nicht gesehen oder gemessen werden, aber die Erfahrung des Lebens darin ist jenseits von Begründungen. Worte wie *Glaube, Rechtschaffenheit* und *Vertrauen* können benutzt werden, wie immer ein Redner will. Kürzlich habe ich mit Hasan, dem Seidenweber, über die Macht der islamischen Propheten gesprochen. Dann benutzte er meine Worte, um seine freidenkerische Linie zu unterstützen.

Die Seele kommt hierher aus dem Unsichtbaren, um diese Welt zu beobachten, den Körper, die Nacht, die Landschaft bei Sonnenaufgang, und sagt: Ich habe dies gesehen; nun zeige mir Deine anderen Eigenschaften, Herr der Universen (3:26).

1:347

DIE SONNE IST EINE MOTTE

Ein bekannter Jurist bat mich zu erklären, was ein erleuchtetes Wesen ist.

Jemand, der sich so sehr der Tiefe und des Geheimnisses bewusst ist, dass er oder sie Paradies und Hölle, Wucher oder das Verbot von Wein, dieses Leben oder die mögliche Auferstehung nicht in Betracht zieht. Diese Angelegenheiten berühren einen gnostischen Meister nicht, der einfach sich selbst kennt und nicht von der Gegenwärtigkeit spricht, deren Seele der Wein der Weisheit ist, die verrückt geworden ist.

> Eine Kerze wurde in mir angezündet,
> für welche die Sonne eine Motte ist.

1:352

GEIST-VERNUNFT

Abraham wurde mit bestimmten Anweisungen geprüft. Er wurde durch diese schweren Prüfungen zu einem Führer seines Volkes. Wir schaffen Gesichter, die nicht gesehen werden können. Die menschliche Seele, wie jedes Geisteswesen, ist mit den fünf Sinnen nicht erkennbar. Seele-Essenz kann nicht gesehen, gerochen, geschmeckt oder gehört werden. Und doch können diese nicht wahrnehmbaren Wesen sich miteinander austauschen, und sie haben ihre eigene Vernunft jenseits von dem, was durch Erfahrung nachweisbar ist. Untereinander wissen sie, welche gefährlich sind und welche gutmütig. Um die Fähigkeiten und die Beschränkungen zu enthüllen, schiesst manchmal ein unhörbarer Befehl zu einem von ihnen heraus wie eine Flammenzunge. Abraham überlebte einen solchen Augenblick und wurde eingeladen, die Gebete anzuleiten.

1:354–355

GENOMMEN WERDEN

Wenn du beginnst, dich hinzugeben, vergiss dich selbst. Werde sinnlos, ohne Beweggründe, so dass du von Osten nach Westen und zurück geweht werden kannst, ohne etwas zu wissen oder dich darum zu kümmern. Es wäre nicht überraschend, wenn in dieser Unbekümmertheit dein essentielles Sein Hunderte von Meilen ginge, ohne dass du es bemerkst.

Wir sehen solche Wanderungen in den Wolken und den Wassern. Auch die Wälder und die Saat wandern auf ihre Art entlang der Erde mit den Karawanen der Menschen. Gott nimmt unsere Seele auf Reisen, von denen wir nichts wissen. Warum? Das wissen wir nicht, wir sind wie der bewusstlose Zecher, den man in einen Wagen gelegt und woandershin gefahren hat. Was wir lieben, was wir wollen, ist, in der Gegenwart gehalten zu werden, dieses Genommenwerden. Dies ist die Befriedigung, nicht zu lernen, wie, was oder warum wir sind oder wann wir woanders ankommen.

Die Hindus haben ein Glaubenssystem, das diese Geheimnisse erklärt mit Ideen über Wiedergeburt und über andere Bereiche, die von Drachen, Skorpionen, Elefanten, Affen und von Zwitterwesen zwischen Mensch und Tier bevölkert sind. Sie stellen sich vor, dass das Bild eines Diebes mit seinem Kopf im Maul eines Drachen die Leute genügend abschrecken wird, sie vom Stehlen abzuhalten.

Ich werde am ersten Tag dieses nächsten Ramadans im Jahr zwölfhundert und etwas fünfundfünfzig. Mit der durchschnittlichen Lebenserwartung zwischen sechzig und siebzig, welche von der eigenen Lebenskraft abhängt, gehe ich davon aus, noch etwa zehn Jahre vor mir zu haben, das sind dreitausendsechshundert und fünfzig Tage. Was soll ich mit jedem von ihnen tun? Mir ist noch nichts Besseres eingefallen, als indem ich dieses Geheimnis feiere, welches mich ohne mein Wissen mitträgt, den Einen, den ich anspreche, wenn ich sage: *Keine Wirklichkeit als Du, nur Du.*

1:359–360

ZERSCHNITTENE SEILE

Mein Körper ist so schwach und zerbrechlich, ich dachte, dass, falls kein Eingriff durch eine göttliche Kraft erfolgt, ich nicht überleben würde. Jede Bewegung schien unmöglich. Es fiel mir ein, dass, wenn ich ein Baum in einer Stadt mit vielen Bäumen entlang den Strassen wäre, ich wiederaufleben würde. Bäume blühen in Gesellschaft mit anderen Bäumen auf. Aber wahrscheinlich nicht. Kein Leben floss in mir. Ich wäre nur ein grosser, toter städtischer Baum.

Dann fühlte ich mich, als wäre ich zu einer bestimmten Stadt unterwegs, dann zu einer anderen, dann zurück zur ersten, dann wieder zu einer weiteren Stadt und schliesslich zurück, von wo aus ich begonnen hatte, alles ohne Grund, ohne Vorteil, ohne Freude, ohne Genuss an der Reise, die ohne inneren Antrieb erfolgt war.

Menschliche Wesen sind aufgehängte Laternen, Lichter, die in der Luft leben. Die Seile, die sie festhalten, sind Beweggründe. Wenn diese zerschnitten werden, fallen die Laternen, werden schwächer und erlöschen. Leute liegen auf dem Boden, träge und auf der Seite. Die Seele ist eine andere Art von Seil, das vertikal mit dem Göttlichen verbindet. Veränderungen kommen durch diesen Kanal zu uns, auch kräftige Anregungen zur Bewegung.

Weisheit erzeugt eine Ganzheit, die ihr eigenes Unwissen versteht. Jemand mit wenig Wissen lehnt dies ab, aber jene, die gewissenhaft ihr Leben lang lernen, *wissen,* dass sie *nichts wissen.*

1:361

DIE QUELLE MEINER SEELE

Für jene, die grosszügig sind und den Zufluchtsort ihrer Seele kennen, werden wir den Weg ebnen (92:5–7). Schwierigkeiten werden sich auflösen, und du wirst fähig sein, die Wunder zu beobachten, und nur diese. Du wirst verschiedene Wege entdecken, und sie alle werden für dich deutlich und offen sein.

Und wieder schaue ich in meine Seele und sehe, dass sie eine warme Quelle ist, mit der Gegenwärtigkeit, die jeden Tropfen erfüllt, und jeder ist auf eine Art einzigartig, die nur die seine ist. Ich sehe die ganze Welt wie diese Quelle meiner Seele an. Das ganze Universum ebenso. Eine Quelle, dann die Verzweigungen davon, dann andere flüssige Abzweigungen daraus, und dann aus ihnen die Verästelung der einzelnen, selbständigen Wassertropfen.

Die Blumen, so verschieden, der rote Jasmin, gelb, irisblau, lavendelfarben, Waldlilien mit in jedem Augenblick neuen Farbvarianten, neuen Blütenblättern. Dies ist Gott wiederbelebend, die Schöpfung überprüfend. Man muss die Bedeutung dieser fortwährend neuen Details in sich selbst und als Gnade und Heilung betrachten.

Betrachte auch die Bedeutung von Licht. Von Gewalt und Trennung. Von Sorgen und Freude an Sex. All dies sind Geschenke an uns, aber sexuelles Vergnügen und das Schauen in ein schönes Gesicht scheinen *direkt* von Gott zur menschlichen Seele zu kommen. Selbst inmitten der Verzückung von solcher Freude sollten wir uns an den Geber erinnern.

Hingegen für jene, die ausserhalb der Gegenwärtigkeit bleiben, spielt es keine Rolle, ob du sie warnst oder nicht. Sie sind dazu bestimmt, getrennt zu bleiben (2:6). Sie sind auf unseren Befehl und gemäss ihrer Wahl hinter einem Vorhang. Die Mauer vor ihnen ist aus ihren Körpern gemacht. Du kannst nicht wissen, wer hinter dem Vorhang ist. Du kannst nur unsichtbar bleiben und deine Freunde rufen. Jene, die antworten, tun dies gemäss ewiger Urteilsfindung. Aber es ist für dich gut, zu rufen und weiterzurufen. Du bist wie ein Taucher, der auf den Grund geht und der manchmal einen Edelstein, manchmal einen gewöhnlichen Stein heraufbringt. Dein Tauchen verwandelt den einen nicht in den anderen.

Wenn du dich durch die Welt bewegst, besuche die Goldminen häufiger als die Minen von anderen Erzen. Deine Arbeit ist nicht, das eine in das andere umzuwandeln. Deine Arbeit ist, den Baum zu schütteln. Die weichen, reifen Früchte fallen. Die verhärteten bleiben, wo sie sind. Gehe nicht in Arbeit hinein, die keine ist. Es gibt Ketzer, die behaupten, dass die Gegenwärtigkeit *vollständig* in Adam erschien und dass sich die Engel deswegen vor ihm verbeugten, und *vollständig* in Jesus, was die Auferstehung der Toten bewirkte, und so weiter. Sie sagen, dass Gott vollständig in Ali erschien, um die Welt zu ordnen und den Propheten Mohammed zu unterstützen. Sie zitieren: Er ist der Höchste -Ali (2:255), und meinen, dass, wenn es donnert, es Alis Brüllen sei, welches der Erde Regen spendet. Es entspricht den Astrologen, die behaupten, dass die Sterne ihnen erzählen, was zu tun sei.

1:367

GEHE NICHT ZU DEN ANDEREN

Es gibt viel Weinen, wenn Liebende einander verlassen, ganze Kunstformen sind der Trennung gewidmet; was aber, wenn einer, der die Beachtung vonseiten des Geheimnisses erfahren hat, sich von dieser Führung entfernt? Wie traurig ist diese Trennung? Was ist mit jemandem, der stirbt, ohne je die Gegenwärtigkeit gekannt zu haben?

Diese Gegenwärtigkeit kann manchmal die Form einer Katastrophe, eines vertieften Bewusstseins oder etwas noch Verborgenerem annehmen. Sie kann kommen, wenn du friedlich zu Hause mit deinen Kindern und deiner Frau sitzt, oder in der Hingabe, mit der du deine Arbeit verrichtest.

Entsinne dich dessen, nach innen zu gehen und so nahe wie möglich daran zu leben, und wenn du fühlst, dass du dich davon fortbewegst, so gehe nicht zu anderen für Gesellschaft. Ein Kind schreit, bis die Mutter kommt. Sei so verlangend. Höre Musik und Lieder, bis deine göttliche Freundschaft sich wiederbelebt. Höre auf jene, die sich so stark nach Gott sehnen. Noah war ein Prophet, weil er so andauernd *fürchtete,* die Nähe zu verlieren.

DIE BEWEISKETTE

Klave[4], ein Wanderer und ein Beobachter, kommt an das Tor einer Stadt und findet es von einer Gruppe finster dreinblickender Männer kontrolliert. Er entscheidet sich, nicht in die Stadt zu gehen, sondern zurück, woher er kam.

> *Diesen Weg zurückzugehen kostet dich einen Dinar,* sagen sie.
> Dann will ich bleiben und die Stadt anschauen.
> *Das wird dich zwei kosten.*
> Ich fechte diese Gebühr an.
> *Das wird dich drei kosten.*

So bezahlt er zwei Dinare und betritt die Stadt, um innerhalb dieser Mauern Gerechtigkeit zu suchen. Auf dem öffentlichen Platz schneidet ein Mann einem Bären den Schwanz ab. Es gibt deswegen viel Aufregung und Unruhe, so dass die schwangere Frau des Mannes hinfällt und eine Fehlgeburt hat.

Der Wanderer, der Krähen-Kommentator bei solchen Gelegenheiten, geht weiter zum richterlichen Hof, wo gerade ein Fall verhandelt wird, ein Mann, der eine Entschädigung verlangt. Sein Vater hatte in einem Haus gearbeitet, in dem eine Tür, ein schweres Holzbrett, schlecht befestigt und auf seinen Vater gefallen war und ihn getötet hatte. Der Schreiner wird gerufen. Er sagt, dass eine schöne junge Frau vorbeigegangen sei. Sie lenkte ihn ab, so dass er lausige Arbeit machte.

Die junge Frau sagte, dass die Herrin des Hauses, in dem sie arbeitet, sie für die Besorgung einer Schuhreparatur weggeschickt hatte.

---

4 Klave scheint in den Verrücktheiten dieser Welt eine Art von Nasruddin-Beobachter-Teilnehmer zu sein.

Der Schuster wirft dem Schmied vor, ihm ein Werkzeug verkauft zu haben, das seine Funktion nicht erfüllte. Der Schmied gibt den Fehler zu, aber wenn er bestraft wird, so wird die ganze Gemeinschaft leiden. Es gibt nur noch einen zweiten Schmied in der Stadt und mehr als genug Arbeit für beide. Andererseits meint er, dass es zwei Wäscher in der Stadt gibt, aber nicht genug Arbeit, nicht mal für einen. Der Richter folgt dieser Logik und befielt die Hinrichtung von einem der Wäscher.

Nun ist der Abschneider des Bärenschwanzes und seine nun nicht mehr schwangere Frau an der Reihe. Mit der Vernunft, welche durch die vorhergehende Beweiskette geschärft worden war, urteilte der Richter schnell. Der schwanzlose Bär soll dem Schwanzabschneider zugesprochen werden bis zu der Zeit, dass dem Bären ein neuer Schwanz wachse. Ähnlich soll die Frau des Schwanzabschneiders dem Bärenbesitzer für Sex zugesprochen werden, bis sie wieder schwanger sei.

Das Gericht ist vertagt.

1:369

SELBSTHILFE

Mitte der letzten Nacht überlegte ich, wie ich mein Betragen verbessern und den Umgang mit mir angenehmer und freundlicher machen könnte. Aber sind solche Gedanken wirklich anders als Pläne für mehr Geld oder einen höheren gesellschaftlichen Stand? Diese Verbesserungen betreffen alle die Erscheinung.

Wie wäre es, wenn alles, was ich tue, für Gott wäre, wenn all mein Ehrgeiz wahrhaftig darin läge, einen klareren Sinn der Gegenwärtigkeit, die alles durchdringt, zu haben? Solche Mitternachtsgedanken machten mir Kopfschmerzen.

Ich konnte weder schlafen noch beten oder mich auf meine Arbeit konzentrieren.

Dieses kam: *Denke nicht so viel an Mich. Lebe im Königreich der Liebe, in dem du dich so natürlich bewegst. Es ist nicht deine Aufgabe, diese theologischen Verquickungen zu entwirren.*

Ein bestimmter Sufi aus Khwarazm hatte eine Mutter, die für ihre Liebenswürdigkeit gegenüber allem und jedem bekannt war. Sie würde nie etwas tun, was einem Tier oder einem Menschen Schaden zugefügt hätte. Als sie im Sterben lag, versammelten sich ihre Kinder um das Bett.

Plötzlich schickte sie alle weg. *Die anderen kommen, die Reinen.* Die Kinder verliessen den Raum, blieben aber versteckt in der Nähe. Es gab ein leichtes Zittern um ihre Nase; sie verschied. Keinen Atem mehr, aber eine Helligkeit badete sie, ein Licht, das für eine Weile um ihren Körper blieb.

1:372–373

PERSÖNLICHE ABMACHUNGEN

Den Lebewesen sind Heimstätten gegeben entsprechend ihrer einzigartigen Eigenarten. Eine Nachtigall hat einen vertrauten Platz, die Turteltaube ein verstecktes Nest. Krähen haben unterschiedliche Unterkünfte. Edelsteine haben Werte, die Strassenkies nicht hat. Jedes Ding fliegt zu seinem Heim, zu seinem *Wert,* auf Flügeln der Sehnsucht, einer, um Schuhmacher zu werden, der andere König. Unterschiedliche Abmachungen werden mit jedem einzeln vereinbart.

Sehr früh stand ich eines Morgens auf und ging zur Moschee, um zu versuchen, die Abmachungen mit meiner Seele zu ändern. Mehrere Beobachtungen erfolgten, als ich dies tat. Eine ist, dass der frühe Morgen eine gute Zeit ist, um wach zu sein. Die Zweite war, dass es Orte gibt, an denen Dämonen Menschen wie Hundemeuten angreifen und dass es andere Orte gibt, an denen die Einflüsse eher engelhaft und hilfreich sind. Die Dritte war, dass menschliche Wesen, besonders Männer, wahrscheinlich die dämonischen Eigenschaften aufnehmen werden und sich dann um den Wohlstand versammeln würden. Wir sollten mit reichen Leuten vorsichtig sein. Du kannst vielleicht die Bedrohung nicht *sehen*. Es ist nicht körperlich. Der Schaden, den sie anrichten, geschieht in deinem Herzen.

1:374

GELD-DUFT

Manchmal halte ich mich für einen König ohne Regentschaft, für einen Richter ohne Rechtsprechung, einen Minister ohne Verwaltungsaufgabe, einen reichen Mann ohne Reichtum.

Empfindest du den überheblichen Duft von Geld in diesen Gedanken? Hörst du meinen Ehrgeiz und meinen Neid?

Wenn ich meine Seele mit der Gegenwärtigkeit verschmelzen, wenn ich mich vollständig auflösen könnte, würden diese eingebildeten Geschichten voller Selbstmitleid darüber, wer ich bin, verschwinden.

Leute klettern auf hohe Leitern zu Macht und Wohlstand auf dem Marktplatz, aber jedes Mal, bevor sie oben anlangen, fallen sie zurück auf den Boden.

1:377–379

ISLAM UND GELD

Ich erhob mich heute Morgen und beschloss, dem Weg der Wahrheit deutlicher zu folgen. Aber wie kann ich dies, wenn ich es so einrichte, dass ich in der Gesellschaft von Königen und Ministern und von solchen bin, die die Macht haben, mehr Dinare und Drachmen zu geben? Im Islam geht es nicht um Geld. Muslime sorgen sich nicht um ihren Lebensunterhalt. Sie sorgen sich um die Tiefe ihrer Hingabe. Die Freunde von Mohammed haben nie beratschlagt, wie sie auf ihrer Pilgerfahrt Nahrung und Unterkunft erhalten könnten. Der Koran ist kein Handbuch über die Verbesserung der Lebensumstände.

Moses befehligte nicht die Israeliten in ihrem Kampf. Mohammed hingegen wurde zum Krieger berufen. In diesem Gebot ist eine Erhöhung. Eine gewisse wilde Bestimmtheit ist verlangt. Dann fühlte ich die Traurigkeit von denen, die zweifeln und ausserhalb dieser Überlieferung leben, und die Freude jener, die vertrauen. Ich schliesse daraus, dass Mohammed die wunderbarste Grundlage für eine Religion ist. Dass man islamische Regierung nicht versteht, verringert nicht ihren Glanz. Falsche Juwelen vermindern den Wert von echten nicht. Jedermann hat eine einzigartige Verantwortung. Wenn der Sohn von Adam sündigt, mache Adam keine Vorwürfe. Wenn ein Nachkomme von Ali dir Leid zufügt, verleumde nicht alle Nachkommen von Ali. Wenn ein Gelehrter niederträchtig denkt, schliesse daraus nicht allgemein auf den Geist.

1:379–380

DIE ANTWORTNACHRICHT

Während Fasih Valvalji eine Rede hält, zieht er einen Brief aus der Seite seines Turbans. Dies muss meinem Meister in Buchara gebracht werden. Wer wird dies tun? Ein Derwisch springt sofort auf, nimmt den Brief und geht. Fasih fährt mit der Rede fort und wird feiner und spitzfindiger, als er es je war. Nach einer Stunde endet er und geht nach Hause. Jemand klopft an die Tür und sagt, dass er die Antwortnachricht auf den Bucharabrief gebracht habe. Der Torhüter bringt sie, und Fasih liest. *Der Friede Gottes, mein Sohn.*

Jemand, der es wagt, in dieser Welt offen zu handeln, sollte das Auge seines Herzens benutzen, um jene, die es gut meinen, von jenen zu unterscheiden, die dem Liebeswerk schaden wollen. Fasih rennt zur Tür, aber die Strasse und die Nacht sind leer. Die wunderbar frische Sprache von Fasihs voriger Rede verdankte sich auch der Anwesenheit eines Sufis unter ihnen.

Ich habe beobachtet, dass die guten Dinge wie auch die kalten, unbewussten Dinge, die ich tue, beide in der Gegenwärtigkeit vorkommen. Mit dem folgenden Unterschied: Meine guten Handlungen werden gelobt, die unbewussten nicht. Wenn die Seele nur das täte, wozu sie deutlich hingeführt wird, so wäre jede Handlung ein Lob. Mir fällt jetzt ein, dass es eine Zeit vor den Propheten gab, eine Zwischenzeit, in der die Menschen Idole anbeteten, und ihr Unwissen wurde ihnen verziehen und die Gebete wurden erhört. Auch heute gibt es Regionen in der Welt, in denen unsere prophetische Abstammung unbekannt ist, die Gebete aber gehört und gewährt werden. Ich möchte dort leben oder dann in der Zeit, in der mein Unwissen Vergebung erfahren würde und meine Trennung als Weg in die Vereinigung dienen könnte.

1:381–382

WEISSGLÜHEND, ROTORANGE, ASCHE

Ich habe einen Ziegelbrennofen bei seiner Arbeit beobachtet. Das Innere des obersten Teils ist weiss. Darunter ein Bereich in Rot, dann Orange und darunter Schwarz. Alles, was sich ins Feuer bewegt, geht durch diese Farbstadien. So ist es auch mit dem Feuer von Gottes Liebe. Wenn jemand zuerst da hineinkommt, ist er oder sie traurig und hoffnungslos, in Asche. Dann kommt die Ekstase der Erleuchtung, Rotorange. Dann die glänzende Auslöschung von Weissglühend. Moses fühlte diese drei, ebenso Mohammed und die Propheten.

Jemand sagt, dass er Weisheit studieren will. Ich sage ihm, dass es zwei Wege gibt. Einer ist formal und öffentlich, wo du dich vorbereitest auf Predigten und Unterricht und vielleicht auf das Fällen der komplizierten Entscheidungen eines Juristen. Der andere Weg ist vollständig privat. Niemand weiss dies als der Suchende selbst (6:59). Solche Pilger werden immer geheim im Mysterium geleitet. Alles, was sie von dieser Welt wissen, ist das, was ihnen gezeigt wurde.

Früher Morgen. Meine Gedanken werden von einem bellenden Hund unterbrochen. Dann kommt Bibi Alawi in mein Zimmer, schläfrig, gerade von ihrem Bett aufgestanden. Mein Begehren nach ihr flammt auf. Mir kommt in den Sinn, dass all dies Gnade ist. Die Unterbrechung durch das Bellen und auch Bibi Alawi. Warum sich des Verspürens von Begehren schämen?

Eine Offenbarung kommt: Meine Arbeit ist zu erhöhen wie auch zu erniedrigen. In einem Augenblick mache Ich jemanden für dich liebenswert, in einem anderen verachtungswürdig. Wenn du also Besorgnis verspürst, erinnere dich an Gott, weil die Besorgnis von dort kommt. Wenn du Schmerz darüber empfindest, was dir geschehen ist, bitte darum, dass es weggenommen wird. Wenn du begeistert bist und es allen um dich herum gutgeht, bitte darum, dass dies anhält. Wenn also deine Seele bewusst genug ist, so zu leben, wie ich es gerade beschrieben habe, bist du der nächste Prophet.

Ich stand im Gebet neben Haji Seddiq mit diesem Gemurmel in meinem Kopf. Ich fuhr fort: Das Verständnis der Seele ist, dass *alles* aus der Gegenwärtigkeit kommt. So erkennen wir Gott, durch das Bewusstsein, das die Seele hat. Wenn jedermann dies jederzeit wüsste, so wäre jeder ein Prophet. Aber dies ist nicht der Fall. Propheten wurde die

Macht gegeben, auf schmackhaftes Essen und Trinken zu verzichten und Freude aufzugeben, um ihre Aufmerksamkeit vollständiger im Göttlichen aufgehen zu lassen. Sehr wenige können dies tun. Die meisten von uns erfreuen sich des Begehrens, des Sex. Wir geniessen das Essen, die Würze dieser Welt, und wir freuen uns auch an der Reihe der Propheten und dessen, was durch sie zu uns kommt. Wir sind anders als die Propheten gesegnet.

1:382–383

ARMESBREITE, FLÜGELSPANNE

Kommt zusammen, willig oder unwillig (41:11). Freiwillige Suchende öffnen sich selbst für den Himmel, während Fatalisten, für die bereits alles bestimmt wurde, wie Vieh getrieben werden (7:179).[5] Um ein erhabenes Leben zu haben, musst du Entscheidungen fällen. Du musst dein Begehren genauso leben wie deine Seele. Abu Hanifa täuscht sich in seiner *religiösen Rechtssprechung.* Um dich auszuzeichnen, musst du ein volles Leben mit Gattinnen, Kindern und allen Arten von Begehren wählen. Dann mischt sich deine Seele mit anderen Seelen, und die gemeinsame Seele kann zu einer göttlicheren Stellung aufsteigen. Dein Gedächtnis wird sich ausdehnen und andere Gedächtnisse mit einschliessen.

Ich schaute auf meine Seele. Sie breitete sich von Osten nach Westen aus, offen für jede Handlung und Einsicht, prophetisch, staunend. Was, wenn Gabriel ich wurde? Dann sah ich mein kleines Körperselbst, und zwei Gedanken kamen. Der erste: Beobachter nehmen im Allgemeinen nicht die enorme Reichweite der Seele wahr, nur gerade die körperliche Armesbreite. Und zweitens: Gräber erscheinen freudlos und

---

5 Der Koran verdammt die Fatalisten nicht, welche viel später nach Mohammed kamen. Diese Passage ist eher eine allgemeine Verurteilung derjenigen, die nicht verstehen.

bewegungslos, aber in Wirklichkeit sind die Geister der dort Begrabenen lebendiger, als man sich je vorstellen kann, so glühend frisch, beweglich und weise bei ihren Besorgungen.

1:383–384

DIE JUNGE FRAU AUF DER TREPPE

Ich versuchte, ein neues Gleichnis zu erfinden über eine Person mit einer schwierigen Aufgabe, die nur materielle Ergebnisse hervorbrachte, Arbeit ohne Seelenwachstum. Ich dachte: Ein Kunstschmied, ein Hufschmied, der in seiner Schmiede hämmert, hat sicher keine spirituelle Absicht. Dann fragte ich mich, welchen Wert für die Seele das hat, was ich tue. Keinen, von dem ich weiss.

Jemand sagte mal, dass einer, der kein Vergnügen an Begehren oder an weltlicher Macht hat, die Geschenke dieser Welt nicht wirklich schätzt, wo Lust und Herrschaft vorherrschen.

Ja, antwortete ich, da gibt es aber eine unendliche Vielfalt an Genüssen, die du vergisst. Wenn Gott eine Tür schliesst, öffnen sich viele andere. Die Engel freuen sich an Wegen, die wir nicht kennen können. Dämonen tun, was ihnen gefällt. Jedes Tier hat seinen eigenen seltsamen Tanz.

Eines Tages, ich fühlte mich gerade träge und halb lebendig, stiess ich auf diese Szene: Eine junge Frau sitzt draussen auf der Treppe vor einem Gebäude. Sie ist von jungen Männern umgeben und hat die Situation vollständig im Griff, hänselt einen nach dem andern nach dessen persönlicher Art. Ihre Münder standen offen über das Schauspiel ihrer Anziehung, und die Lebhaftigkeit der jungen Frau steigerte sich sichtlich durch deren Aufmerksamkeit.

Es schien mir dann, dass das Geheimnis, sich pulsieren zu fühlen, darin liegt, dass eine Zuhörerschaft vorhanden ist, die man necken und mit der man flirten kann, und was dahin führt, dass man sich langsam in dich verliebt.

So betete ich: Lieber Gott, Du hast mich erschaffen. Ein Teil Deiner Essenz lebt in mir. Zeige Dich als eine Gruppe von Bewunderern. Dann werde ich Dich necken; Du wirst meine Annäherungen annehmen. Ich werde eine Pause machen. Du wirst gespannt warten, was als Nächstes kommt. Ich werde neue Geschichten erfinden, und Du wirst zuhören, hingerissen von meiner Ausstrahlung.

1:393–394

KEINE WEITEREN FREUDEN

Wie kann ich die anderen Welten jenen erklären, die sagen, dass es jenseits von dem, was wir sehen und berühren können, nichts gibt? Materialisten erreichen ihre Grenzen schnell, wie ein Mann, der so vollgefressen ist, dass er alles geschmacklos findet. Das Gefühl, dass es keine weiteren Freuden gibt, rührt von Undankbarkeit und einer Weigerung, deine Versäumnisse einzugestehen.

1:394–395

UNSERE TIERISCHEN ENERGIEN UND UNSERE SCHÖNHEIT

Jemand fragt nach der Sprache im Koran. Ich sage, dass jemand, der Arabisch auswendig gelernt hat, ohne zu wissen, was es bedeutet, wie jemand ist, der einen Krug Wasser hält, ohne zu wissen, wie es schmeckt. Gott hat dir einen Gefallen getan, der dich zur Wahrheit führt (49:17). Es gibt keine grössere Gnade als diese. Wenn jemand nicht in die Herrlichkeit von *islam* (Unterwerfung) eingetreten ist, muss er oder sie weiter in diese Richtung arbeiten. Jemand, der dich liebt, spricht es vielleicht nicht laut aus, aber du wirst fühlen, wie die sieben Körperzentren dieser Person da sind, aufmerksam und verfügbar, um dir zu helfen, wo immer es möglich ist. Dir wurde Schönheit gegeben, und es wurden dir tierische Energien gegeben, die dir Kraft und Wertschätzung für die Schönheit verleihen. Deine Güte und Schönheit sind *lebendig,* weil du eine Wahl hattest und du dich dafür entschieden hast.

Ich dachte darüber nach, wie ich es liebte, ein Muslim zu sein und den Armen zu helfen. Ich sage, dass ich den Sieg über die Ungläubigen will, aber hat Gott sie nicht auch erschaffen wie mich selbst? Darauf habe ich keine Antwort, und so lasse ich die Frage fallen und gehe zu mehr persönlichen Sorgen, die ich im Überfluss habe. Aus irgendeinem Grund gibt es in dieser Welt mehr Ungläubige als Muslime. Wer weiss warum? Ich verbringe meine Zeit lieber mit Entsinnen auf Gott.

1:396–397

DER SPITZFINDIGE UND ABU HANIFA

Ein Spitzfindiger kommt, um mit Abu Hanifa[6] über die Natur der Wirklichkeit zu diskutieren. Er bindet sein Kamel bei der Tür der Moschee an und beginnt sofort seine Gründe vorzubringen, als er auf Abu Hanifa zugeht, der einem Diener diskret ein Zeichen gibt, das Kamel des Mannes zu verstecken. Es gibt keine Wirklichkeit von irgendetwas. Jedes Ding ist Illusion, Traum, Trugbild. Stunden der Spitzfindigkeiten später kommt er heraus, schaut sich nach seinem Kamel um. Aber was du *dachtest,* was dein Kamel sei, kann ebenso gut ein Hund oder ein Vogel gewesen sein. Schnell, er fliegt weg. Alles ist so flüchtig. So hänselt Abu Hanifa den Spitzfindigen in Richtung Islam.

---

6 Ein Jurist und Theologe (ca. 699—767)

Ein anderes Mal trifft er einen Spitzfindigen auf der Pilgerfahrt, auf einem Esel reitend. Er befiehlt dem Mann abzusteigen. Mitglieder der Gemeinde lockern den Packsattel, nehmen ihn vom Esel und binden ihn auf den Rücken des Spitzfindigen. Warum tut ihr mir dies an? Da es keine sichere Wirklichkeit gibt, antwortet Abu Hanifa, können wir nicht wissen, ob du der Esel bist und dies der Mann oder umgekehrt. So müssen wir die Stellungen periodisch wechseln, um allen Möglichkeiten gerecht zu werden.

1:402–403

EIN STÜCK BROT ESSEND

Während du ein Stück Brot isst, versuche, dich an die Ereignisse zu erinnern, die dazu geführt haben, dass dies geschehen kann. Die Hitze des Ofens, der das Brot buk, die gepflügte Erde zuvor, Sonnenlicht, Regen, Ernte, Dreschen, das Tragen zur und von der Mühle fort, die komplexe Idee und den Bau der Mühle selbst. Die vielen Wetterveränderungen im Lauf der vier Jahreszeiten. Und vergiss das Messer nicht, das das Brot schneidet, die Metallurgie und die Handwerkskunst, um die Klinge zu schmieden, und deine Zähne, diese ursprünglichen Mahlwerkzeuge. Dann ist da dein Magen, der die Kruste verdaut, und der Rest des Körpers, der genährt wird, jedes Teil auf seine einzigartige Weise. Zweihundert und achtundvierzig Knochen, fünfhundert und dreissig Muskeln, dreihundert Arterien, Bänder, Sehnen, Knorpel, deine Organe und Glieder, dein Gehirn. Wie sich das Brot auflöst, darüber entscheiden viele Intelligenzen in dir und einigen sich friedlich, wie sie den Gewinn aufteilen wollen. Wenn sie uneinig wären, würdest du Schmerzen empfinden und schreien, aber du tust es nicht.

Nun beachte sorgfältig die vereinte menschliche Aufmerksamkeit, welche in deinem Körper lebt, in Seelenverbindung mit anderen Geist-Intelligenzen. Beobachte, wie sie am Verbindungspunkt zweier Welten sitzt als ein menschliches Wesen, das mit Freundlichkeit auf andere menschliche Wesen schaut. Einige sagen, dass dies der Gipfelpunkt der langen Entwicklung des Körpers und der Anfang einer nächsten Transformation ist, dass du dies lebst in Dankbarkeit für Nahrung und auch in Dankbarkeit für jede Schwierigkeit, Schmerz oder plötzliche Enttäuschung, diese auch als Gnade verstehend, dass du in dir und ausserhalb der Zeit lebst als ein engelhafter, brotessender Zeuge, der diese unzähligen Annäherungen von vorherbestimmten Bewegungen aufnimmt und in sich selbst ein eigenständiges Seelenwesen ist, aus göttlicher Weisheit geformt.

1:404

ÜBERFLUSS

Ich bin andauernd verwundert über die Schöpfung, wie das Universum entstanden ist und warum. Besteht je die Möglichkeit eines sicheren Verständnisses dieser Dinge? Nun erscheint mir, dass die Vielfältigkeit der Vegetation, die aus dem Boden wächst, eine Ähnlichkeit mit dem Geheimnis der Schöpfung hat.

Der Apfel, die Zwiebel, Weizen, Pistaziennüsse, Thymian, Pfefferminze, der Pfirsichbaum, die Zeder, die Weinrebe, jedes wächst bei Klima und Boden, die zu ihnen passen. Dasselbe gilt für menschliche Wesen und ihre verschiedenen Fähigkeiten. Dazu braucht es Verbindungen zu den verschiedenen Arten der Kenntnisse. Wir brauchen Ehrgeiz und Pferdehandel, Zimmerhandwerk, viele Entwürfe von Hausplänen, das Wissen um die Lagerung von geernteten Früchten und die für deren Verkauf nötige Erfahrung, wie man es auf dem Markt verkauft.

Jede Handlung kommt von der Quelle, so wie der Überfluss an Pflanzenleben aus den im Boden versteckten Geheimnissen wächst. Bäume brauchen Regen und Wind, um im Frühling auszuschlagen. Menschen brauchen Freunde, Vergnügen, Interesse an ihrer Arbeit und genügend Neugier, um in Bewegung zu bleiben.

Manchmal ist es richtig, um einen Baum herum zu graben und ihn an einen anderen Ort zu versetzen. Sufis raten: *Gehe dorthin, wo Leute nicht anders können, als sich in dich zu verlieben.*

Einer meiner Schüler sagte: In der Frische einer frühen Frühlingsnacht ist es gesünder, nackt zu gehen. Nicht für jedermann, erinnerte ich ihn. Ungesehene Einflüsse haben unendliche Möglichkeiten, um Temperament, Begehren, Anregungen und Beweggründe zu entwickeln. Die versteckte und die sichtbare Welt weben zusammen ein Gewebe, das komplexer ist als der Himmel, die Erde oder Zweige oder Wurzeln, feiner als das Sonnenlicht und die Jahreszeiten.

1:408

ZU UNSEREN EIGENEN FEHLERN STEHEN

Diese Offenbarung: Schelte niemanden, der einen Fehler macht, den *du selbst* hättest machen können. Bestrafe keine Kinder, bis du selbst erwachsen bist. Spotte nicht oder suche Fehler oder versehe Menschen mit Schimpfnamen. Kehre diese Urteile nach innen. Stehe offen zu deinen Fehlern.

Das Problem mit dem Studium der rationalen Philosophie ist, dass es einen vom Koran entfernt. Ein logisch denkender Geist kann sich der Offenbarung nicht nähern. Prophezeiung verwirrt die Methode von Aristoteles bis zur Blindheit.

1:413–414

WIE ENTHALTSAMKEIT UNMÖGLICH WIRD

Du, der du dich in den Umhang einhüllst, stehe auf und bringe diese Botschaft (71:1). Diese Zeilen brachten uns die Wunder der Prophezeiung. Mohammed wollte in Abgeschiedenheit leben, aber dies rüttelte ihn aus seinem Versteck. Sei geduldig in dieser Hinsicht (74:7). Es geschah, wie es geschehen musste.

Der Schleier zwischen den Welten ist die menschliche Unfähigkeit zu sehen. Ein einziger Finger auf jedem Auge kann dich daran hindern, die Welt aufzunehmen. Was dich von der Sicht, von der Kenntnis des Geistes beraubt, ist so klein und so einfach zu entfernen.

Willst du Anerkennung, gutes Essen, Musik, Wein, die Leichtigkeit, in einer Taverne zu schwatzen? All dies gibt es in der anderen Welt, und noch mehr. Liebst du Sport? Die Spielfelder sind perfekt. Die Freuden des Begehrens? Die andere Realität ist für Liebende *gemacht*. Diese Geschenke wurden den menschlichen Wesen von Gott gegeben, um die Macht ihrer Sinne zu erhöhen, um Abstinenz unmöglich zu machen, und so werden wir wissen und schmecken, was Begehren ist, und dann lernen, wie man liebt.

Sage *Allah ist der Einzige Eine* (112:1). Dies bedeutet, dass die unterschiedlichen Spielarten von Astrologen und Heilern und all die widerstreitenden Denkschulen des Islams schliesslich zurück zu dem Einen gehen und zu Einem zusammengeführt werden.

1:419–420

LUST ALLEIN ERSCHAFFT NICHT

Männer sind von Frauen, von Gold- und Silberhaufen, von Pferden und von der Schönheit eines gepflügten Feldes angezogen. Dies sind die weltlichen Freuden von Wollen und Haben. Gottes Gnade bringt durch sie eine andere Schönheit herein. Die Lektion ist, dass wir auf das Ergebnis schauen und nicht so stark mit der Anziehung beschäftigt sein sollten. Hast du bemerkt, dass ein schönes Kind manchmal von einer kranken, abstossenden Frau abstammt? Lust alleine hat die Stattlichkeit des Kindes nicht erschaffen. Gott kommt durch unsere Freuden und unsere Leiden herein.

Ohne die göttliche Verstärkung, die in der Dringlichkeit des menschlichen Begehrens zu uns kommt, könnten die Leute wie schlammfarbene Kamele aussehen, die auf dem nackten Boden liegen. Grundsätzlich *sind* Leute Esel, welche nur mit Fressen von Stroh und Hafer beschäftigt sind, bis die Gegenwärtigkeit der Gnade sie verändert (32:5). Mit Glauben verschönert eine Erhabenheit die Menschheit, wie wenn bei einer Tätigkeit von dir Gott in einen trockenen Samen eintritt und daraus eine frischlebende Pflanze macht. Jede Handlung wird Teil dieses Geschenks. Schau dich um am Himmel und auf der Erde. Sei nicht träge wie ein Holzklotz. Beobachte die Bewegung des Himmels, und schau, wie jede Bewegung sich im Entstehen mit dem Schöpfer verbindet. Sterne, diese natürlichen Impulse, sogar unser wahres Selbst.

Schams Amir Dad und andere persische Schüler von mir sehen Mohammed oft in ihren Träumen. Ich nicht. Sie haben mir so aufmerksam und mit so offenem Herzen zugehört, dass Gott sie mit diesen Träumen belohnt.

Kummer ist besser als Glücklichsein, weil eine Person in Trauer näher zu Gott gezogen wird. Deine Flügel öffnen sich. Ein Zelt wird in der Wüste errichtet, wo Gott dich besuchen kann. Wohlstand, der im Kummer kommt, ist das, was wir in Freude ausgeben. Die Seele ist grösser als alles, was du je verloren hast.

1:421

WÄSCHE MACHEN

Schlafende Menschen wissen nichts von dem, was in der Welt draussen vorgeht. Sie leben in ihren Träumen, und ähnlich, wie wenn jemand stirbt, so wird er oder sie nicht Teil von dieser Wirklichkeit sein, sondern mag eine andere sehen. Samen und Blumen haben ihre Wege. Wasser, Wind, Staubteilchen, Sterne, Sonne, Mond die ihren.

[Gott sagt:] Wir machen Dornen, die zum Verbrennen sehr geeignet sind, und Rosen, die nützlich sind, um ihre Essenz herauszuziehen, welche mit Säften für Heilzwecke gemischt werden können. Dass Dornen stechen und Rosenblätter schwach werden und abfallen, beide Eigenschaften sind vollkommen. Einige menschliche Stammbäume fühlen sich hart an wie Dornen, andere weich wie Blütenblätter. Wir haben Urteile und Bezeichnungen für alles. Samen sehen ähnlich aus, aber aus den einen werden Äpfel, aus anderen Granatäpfel, Quitten, Birnen, Pflaumen. Aber du musst etwas unternehmen, ihnen erkennen zu helfen, wer sie sind. Pflanze sie in den Boden.

Unbarmherzige Leute werden manchmal gebraucht, liebenswürdige Freunde in anderen Augenblicken. Schwert und Zorn, Höflichkeit und der Spiegel der Fügsamkeit, benutze sie wie verschiedene Werkzeuge. Körper sind Bedeckungen, die die Seele anzudeuten helfen. Lasst uns unsere Wäsche auf den Steinen am Fluss machen, die Tücher schlagen, dann spülen und auswringen, um dann die Kleidungsstücke auf den nahen Baumästen aufzuhängen. Nun sitzen wir und flicken diese neuen Bedeckungen, wie wir unsere Körper reinigen und erneuern als Bekleidung für die Seele.

Einige sammeln Ehren und gesellschaftliche Stellungen. Wir sammeln den Reichtum der Liebe und das Geheimnis der Gegenwärtigkeit. Arbeit, die nicht erfreut und die Seele beherbergt, ist eine Verschwendung deiner Tage.

1:424–425

DIE SECHS RÄNGE DARÜBER

Es gibt sechs Ebenen über dieser materiellen Welt, Wohnsitze für die Wesen der Geisteswelt, Engel, ein Pavillon für die Propheten. Was dort besprochen wird, sind hauptsächlich Neuigkeiten aus den anderen Abteilungen, nicht was hier geschieht. Diese Erde mit Wasser, Wind, Feuer und Sternenbahnen ist nur die erste von sieben. Die sechs Ränge darüber und die Hölle darunter sind vollständig anders. Die Kuh und der Fisch sind ganz oben die Symbole, welche die Astrologen für ihre Schwindelvorhersagen benutzen. Erinnere dich, dass uns deutlich gesagt wurde, nicht in das zu schauen, was wir nicht kennen, denn jeder Akt der Wahrnehmung wird geprüft werden (17:36).

1:426

LEHRMÄSSIGES DISPUTIEREN

Du verwirrst und verlierst deine Zeit mit Fragen über Fatalismus und Vorherbestimmung, abtrünnige Feinheiten, feueranbeterische Freidenker, Götzendienst und den ganzen Rest. Und dabei betrachtest du dich selbst kaum. Woran glaubst du wirklich? Versuche, klar genug zu sein, *dies* auszusprechen. Vergiss die anderen und ihre seltsamen Blickpunkte. Der wirkliche Weg ist, wie die Propheten leben. Andere behaupten, auf diesem Weg zu sein, ganze Nationen und andere Gruppen, aber sie kommen dem keineswegs näher. Sie geniessen ihre zerstörerischen lehrmässigen Zerstreuungen. Der Stab von Moses würde ihre Köpfe zerschmettern, wenn sie wirklich versuchen würden, ihm zu folgen.

1:428–429

WIE WIRD ER HÖREN

Als ich Mohammed pries, kam die Frage: *Mohammed ist nicht allwissend oder allgegenwärtig. Wie wird er hören, was mein Herz sagt?*

Die Antwort war: *Alles ist im Geheimnis verbunden. Was du in dieser Lobpreisung sagst, wird von Mohammed, den anderen Propheten, den alten Philosophen und von deinen lebenden Freunden gehört und verstanden.*

Keine Weisheit kommt zu jemandem ausser durch Gegenwärtigkeit. Medizin, Astronomie, Kunstwerke, wir wären ungebildet, wenn es diese Quelle und diese Zuflucht nicht gäbe. Das Lesen des Korans hilft, uns daran zu erinnern.

BUCH ZWEI

SAMA

Tiefes Zuhören hat einen Puls. Er muss klopfen, oder er lebt nicht. Die Worte und die Musik von *sama* sollen fliessen und natürlich abfolgen wie ein Gespräch zwischen Freunden.

Wie eine Schöpfkelle Samen vergiesst, so fliesst Gesang in den Eimer des Hörens. Es mag einige verdorbene Samen geben, Worte, die nicht richtig sind. Gib nicht der Schöpfkelle die Schuld.

Glasgegenstände haben viele Formen. Die nach innen gewölbte Baghdadkurve mit ihrem durchsichtigen Gelb, das Samarkand-Karmesinrot, die runden Kristallkolben von Buchara. So ist es mit Musik und Poesie: *sama* soll eine elegante Vielseitigkeit haben.

Wenn wir zusätzliche Tische aufstellen und die Türen öffnen, um Gäste hereinzubitten, werden wir ihnen keine verdorbenen Speisen auftischen. Wenn dies geschieht, so ist es ein Unfall. Aber wenn jemand dafür bekannt ist, *absichtlich* verdorbenes Fleisch oder Getränke aufgetischt zu haben, so wird ihn der Fluch dafür nie verlassen, unabhängig davon, wie viele grossherzige Handlungen er angehäuft hat. Lass *sama* frisch und in Liebe zubereitet sein.

Gesprochene Poesie mit Musik und Bewegung soll fliessen wie Frühlingsdonner: Betonung, ein weicherer Anschlag, ein Zwischenraum der Stille, mehr Donner, dann der Ausklang. Es dauert nie zu lange.

Wenn unterhalb von und in *sama* kein Lachen liegt, wenn es darin keinen hellen, selbstbescheidenen Witz gibt, so haben die Lobesworte keine Wahrheit, die Erregung keine Majestät. Ohne Humor wird *sama* bleiern und streng.

Jeder Körperteil hat seine musikalischen Vorlieben. Jedem gefällt *sama* auf eine einmalige Art. Die Ohren nehmen den Ton anders auf als das Herz. Gesprochene Worte mit gezupften Saiten können das Trommelfell beleidigen, aber das

Zentrum des Herzens begeistern, oder das Gegenteil: Etwas Honigsüsses kann die Intelligenz deiner Seele beleidigen. Nieren hassen es, wenn die Finger den Takt klopfen. Die Lungen jedoch lieben alles, was die Finger tun.

Lass dich von den neun Bildern in *sama* leiten: ein Rhythmus im Herzschlag, ein lebhaftes Gespräch unter Freunden, das glatte Fliessen von Samen aus einer Kelle, die elegante Vielfalt von Glaswerk. Das Gefühl eines Banketts, Frühlingsdonner und Gelächter draussen an der frischen Luft. Das letzte Bild schliesst alle ein: *Sama* muss sich mit seinen vielfältigen harmonischen Systemen wie die Organe im menschlichen Körper bewegen, wo jedes eine eigene Funktion und einen eigenen Genuss hat, die zusammen aber das *ganze* menschliche Dasein mittragen, bestehend aus Körper, Herz, Seele und leuchtender Intelligenz.

2:13–14

DIE ZWEI BÄUME

Als ich laut die Lobpreisungen für Gott sprach, hörte ich einen Esel schreien. Diese unreine Unterbrechung ist störend. Darf das Lob von Schönheit derart untermalt sein? Das Herz nimmt an, dass, was es liebt, rein sei. Auch wenn es sich nach Wohlstand sehnt, so nimmt es an, dass es *einwandfreier* Wohlstand sei. Wenn wir Redegewandtheit zu hören wünschen, so gehen wir zu Scheich Tajs Versammlung und hören dort den Reden zu, so dürftig sie auch sind. Vögel erheben sich in die Luft in der Hoffnung, dort sicher zu sein. Ich bewahre meine Freunde unter meinen Flügeln, so dass sie nicht denken, sie wären nicht mein. Ich schliesse sie in meine Schönheit ein. Es gibt keine grössere Freude, als zu *dieser* Gattung zu gehören.

Depression rührt daher, besiegt worden zu sein, von abgenützten Zähnen und Gelenken. Du kannst dein Lehmhaus mit Lehm flicken, aber es wird irgendwann zerbröseln. Die Elemente stehen immer im Krieg zueinander, und sie enden immer in Trümmern.

Die Welt ist ein Baum, der aus einem Juwelensamen wächst, der in rohes Nichts gepflanzt wurde. Seine Wurzeln sind Wasser und Wind, sein Stamm ist die Erde. Seine Äste sind die Luft, seine Blätterspitzen die Sterne, keiner davon ist dem ursprünglichen Samen ähnlich. Eichenbäume sehen nicht wie eine Eichel aus. Jeder Baum, jedes wachsende Ding, hat zwei Wurzeln, die eine im Sichtbaren, die andere im Unsichtbaren. Viele erkennen nur dieses Sichtbare an. Sie verstehen nicht, dass der Saft, der Geschmack, die Dicke des Stammes und andere Eigenschaften nicht aus diesem greifbaren Ort stammen, sondern aus dem Geheimnis, aus den versteckten Wurzeln. Nun, da gibt es einen anderen Baum. Er hat seine Wurzeln hier und Äste und Früchte im Unsichtbaren. Dies ist der Baum, den wir Hingabe nennen, Unterwerfung, *islam*.

2:16–17

DIE KHOTAN-ZEREMONIE

Ich habe von einer alten Zeremonie in Khotan gehört, einem Gebiet in China, in dem Turkvölker wohnen. Männer und unverheiratete Frauen – ihre Köpfe unbedeckt und schäbig gekleidet – gehen Hand in Hand über den Marktplatz. So beginnt das Ritual, alle sind betrunken und tanzen, der Weinbecher wird herumgereicht. Die Festgemeinde bewegt sich torkelnd hin und her und zieht dann zum Khan unter der Kuppel der grossen Moschee, wo die Frauen sich teilweise entblössen und den Männern ihre Brüste zeigen. Dann wird unter offenem Himmel Liebe gemacht. Sie tun Dinge in der Öffentlichkeit, die wir nur im privaten Innern unserer Wohnungen tun. Es war Teil der jährlichen Initiationsfeier der Beschneidung für die Frauen dieses Volkes.

Ich werde beinahe ohnmächtig, wenn ich mir vorstelle, was anschliessend kommt, wenn die Frauen betrunken sind. Ist Gott Teil von allem, was menschliche Wesen tun, sogar von diesem? Koran 11:6 sagt: *Jede Kreatur* ... Diese Welt, die wir beobachten, ist seltsam und beunruhigend. Hier, zum Beispiel, ist *mein* momentanes Begehren: Ich möchte eine schöne Frau. Ich möchte Wein, Musik und Lachen. Ich möchte, dass alle die Heiligkeit des Lebens sehen. Ich möchte breite Anerkennung für mich selbst. Ich möchte mein Verlangen verstärkt, und ich möchte das göttlichen Sein in jedem Augenblick durch mich fliessen spüren.

Die Antwort auf diese Erklärung kommt. *Achte auf die Bienen, wie sie Nektar aus den Blumen nippen. Tu dies mit dem Geheimnis der Gegenwärtigkeit. Lass deinen Körper zu Honig werden, entstanden aus diesem Nippen. Wir sind der endlos strömende Wein, von dem du träumst, das wiederbelebende Licht. Sobald du dies in dir wiederherstellst, wirst du Erfüllung für jedes von dir erstrebte Vergnügen finden.*

Trinke *zikr*. Der gesegnete Höhlenschlaf daraus wird dir Frieden geben (18:9).

2:18–19

SCHLAFEND IN DER MOSCHEE

Ich sah im stillen Kloster einen Lichtstrahl ... HHSCH[1]. In derselben Nacht sah eine Frau im Traum, wie sich der Klosterteich mit Wasser füllte. Ein Diener nahm eine Lampe zum Wasser, füllte sie damit und zündete dann das Wasser in der Lampe an.

---

1 Hier ist im Manuskript ein unleserliches Wort.

Stelle dir eine schöne junge Frau vor, die sehr in dich verliebt ist, etwa eine gütige Krankenschwester. Du nimmst ihre Hand und gehst in den Garten oder hinaus in die Wüste, in diesem Augenblick für sie alles verlassend. Nun nimm an, wie der Schöpfer und der Ursprung dieses Universums deine Geliebte ist. Wer könnte treuer sein (9:111)? Wie wäre es, *diese Hand* zu nehmen und durch irgendwelche Verlassenheit zu gehen? In dieser Gesellschaft wird jeder Ort hellseherisch und klar wie die geheimen Zufluchtsorte in den hohen Bergen.

Ekstatische Leute sind gegenüber anderen nicht kritisch. Ein auf dem mystischen Weg weit Fortgeschrittener wird nicht wieder am Anfang beginnen. Ein gnostischer Meister ist eine Verschwendung für Anfänger. Die Leute des Buches glaubten nicht, bis ein deutliches Zeichen kam (98:1).

Oman Faqai, ein hiesiger Bürger, und die Sufis haben begonnen, in der Moschee zu schlafen, und deswegen haben sie sich erkältet. Sie husten. Ihre Stirnhöhlen sind trocken und und sie schauen bleich und seltsam aus. Es war eine schlechte Idee von ihnen, ausserhalb ihrer Heime zu schlafen. Von Ort zu Ort umherzuschweifen verursacht Verwirrung und Krankheit. Es ist besser, in der Nacht wie ein asiatisches Boot mit deinem Körper und deinem Geist immer feucht von Schlaf zu ruhen. Falsche Entscheidungen ziehen dein Boot aus dem Wasser und lassen es austrocknen und seine Gebrauchsfähigkeit verlieren. Diese Menschen wandten sich seichteren Verlangen zu.

Die Worte *gelehrt* und *Sufi* beziehen sich auf etwas sehr Gutes. Ich sah Zain Salehin und Muhammad Sufi, und ich sagte zu ihnen: Leute sagen, dass, wenn ich jetzt sterben würde, jene Begriffe ihre Bedeutung verlieren würden. Aber dem ist nicht so. Worauf jene Worte verweisen, stirbt nicht, sondern wird lebendiger nach dem Tod. Baumwolle wird noch immer Tuch werden. Schmutz und Rost werden sich weiterhin durch Schrubben lockern und gereinigt werden. Die Wissenschaft unserer grundlegenden Erkenntnisse überlebt jedes Verschwinden oder Unwissen, jede Empörung.

2:21–22

MIT SEGEN ÜBERGOSSEN WERDEN

Als ich krank war, mein Körper fröstelnd und fiebrig im vertrauten Gespräch mit demjenigen, der Heilung bringt, fühlte ich mich verwirrt wie eine Jungfrau in ihrem ersten sexuellen Erbeben,[2] atmend wie eine Braut. Niemand wird unser Geflüster hören (21:102).

Im Ozean der Elemente – Wind, Wasser, Feuer und Erde – haben Wir für deine Spaziergänge einen Garten gepflanzt. Wir werden für diese Welt sorgen, während du danach suchst, was du liebst. Wir werden deine Lebenskraft des Verlangens in dir stark erhalten. Wie die Sommerhitze die Früchte reifen lässt, werden wir dein Herz zur Vollendung ausdehnen und ausbrennen, was zu leeren ist. Diese Grosszügigkeit und dieses Mitgefühl kommen in mich wie das Glühen, das ich im Kloster gesehen habe [siehe vorhergehenden Eintrag]. Ich fühle mich übergossen mit Segen, wie ein gutaussehender König mit seinen neuen Bräuten, eine beisst seine Schulter, eine küsst seinen Nacken, eine andere schmiegt sich an ihn, als ob ihr Körper der seine würde, oder wie ein junger Vater, der mit seinen Kindern spielt, die über ihn kriechen und rollen, wie Tauben, Sperlinge und Eichhörnchen zwitschernd, und um denjenigen herumspringend, der sie mit Samen füttert.

---

2 Furuzanfar, der Herausgeber des Farsi-Textes, sagt: »Ein Wort wurde wegen Unanständigkeit gelöscht.« Im Unwissen, was das fehlende Wort hier ist, aber auch weil wir diesen Abschnitt nicht als unanständig betrachten, haben wir dessen Wiederherstellung versucht.

2:22–23

DIE BOHNEN DES GESPRÄCHS

Wenn ich mit Fieber erkrankt bin, erzähle ich meinen Freunden, dass ich auch dann Vergnügen daran habe, bewusst zu sein. Es spielt keine Rolle, ob mir übel ist oder ich im Fieberfrost zittere. Ich freue mich noch immer, hier zu sein. Reisen oder zu Hause bleiben, beides ein Genuss. Allein zu sein, in öffentlicher Ungnade, ich bin klar und freundlich in jedem Zustand. Nur in tiefer, selbstverurteilender Erniedrigung bin ich manchmal in meiner Konversation eingeschränkt.

Besucher kommen hierher, wenn ich krank oder mürrisch bin, und sie erwähnen nichts von Krankheit oder Bedrücktheit. Sie sollten grosszügiger sein. Du kannst hier alles sagen. Achte nicht auf meine Stimmung. Gespräche brechen den Boden auf und gestatten dem Gemüse zu wachsen. Auberginen, Radieschen, Salat, Erbsen, Kohl. Lass das Reden ohne Einschränkungen seinen Weg finden. Lass die langen Schoten an ihrem wildwachsenden Stängel spriessen, so dass wir die Bohnen des Gesprächs geniessen können.

2:23–24

DER DREHPUNKT

Der Drehpunkt von Verzückung und Lob ist Freundschaft. Betrachte, wie es sich damit verhält, wenn du im Garten oder in einem Obstgarten arbeitest oder wenn du ein Lied singst oder nur an einem rasch fliessenden Bach sitzt, wie jedes davon sich unermesslich veredelt, wenn du mit einem Freund bist. In Gesellschaft beginnt der Schmerz zu heilen, und die Freude verstärkt sich.

Zwei Feinde oder zwei Freunde werden einander nicht mehr erkennen, wenn sie sich in den Geist hineinbegeben. Ab diesem Punkt in deinem Leben entscheide dich, mehr

Freunde zu finden. Gott freut sich, wenn du mit Freunden zusammen bist und mit ihnen etwas teilst, irgendetwas.

Eine Person trifft jemanden und sieht eine Geliebte. Ein anderer sieht dieselbe Person und dreht sich weg. Diese Unterschiede der Anziehung kommen nicht von euren Körpern oder von euren Kulturen. Sie leben angeboren innerhalb der Schöpfung als geheime Neigungen. Eine Person liebt Pferde viel mehr als Schweine, aber Schweine haben auch ihre Bewunderer. Schweine haben Liebhaber.

2:24

ZWEI ARTEN ZU ARBEITEN

Als ich krank war, kam es mir, dass es zwei Herangehensweisen an die Arbeit gibt. Eine ist kühn und rasch, furchtlos in der Handlung. Die andere ist besorgt und eingeschränkt mit Bedenken über Dinge, die möglicherweise schieflaufen könnten. Wenn die Handlung aus Ängstlichkeit kommt, ist das Ergebnis düster und gestört. Aber wenn die Handlung sich mit einer raschen Fröhlichkeit und Mut bewegt, dann beginnt die Welt, deren Schwierigkeiten aufzulösen und sie ganz werden zu lassen.

2:26–27

VERGNÜGEN, VON DENEN WIR NIE GENUG HABEN KÖNNEN

Ich sage den Leuten, dass ich krank bin, nicht um über meine Krankheit zu sprechen, sondern um zu sehen, wer betroffen ist. Ich halte nach sich öffnenden Herzen Ausschau und finde selten eines. Mein eigenes Herz wurde vor langer Zeit in den Wind geworfen. Leute bringen Statuen Opfer, die weder essen noch sehen können. Wenn ich aufhören würde, zu essen und um mich zu schauen, würde ich dann noch immer weniger geschätzt als ein Götzenbild?

Ich habe alle Gespräche und alle Handlungen als das Wehen des Windes betrachtet, in den ich mein Herz geworfen habe. Ich frage fortlaufend alle um mich herum: Hörst du es? Du scheinst zuzuhören wie der blinde Mann, der seinen Kopf aus dem Fenster streckt, aber verstehst du, was du hörst?

Ich frage Schüler, nach welcher Art von Arbeit sie ausschauen, zeitlich beschränkt oder dauerhaft. Wo sucht ihr nach Antworten? Sie erwähnen den Koran. Ich sage ihnen, sie sollen bitten, dass ihnen gezeigt wird, was dauerhaft und was zeitlich beschränkt ist. Der Friede Gottes, das Licht im Gesicht. Es gibt Vergnügen, welche mit der Zeit langweilen, und es gibt andere, von denen wir nie genug bekommen. Es war eine solche Freude, die über Moses kam, als er am Berg Sinai in reines Sein fiel. Der Herr verwandelte den Berg unter ihm in Staub, und Moses fiel in die Verzückung eines anderen Wissens (7:143).

2:29

EIN SICH DREHENDER BALLEN AUS SEIDE

Dies ist, was ich zu Najm Chachi, dem ehrwürdigen Bürger aus Taschkent, sagte: Du bleibst mit den täglichen Geschäften beschäftigt, so dass du keine Zeit hast, die grösseren anzuschauen. Warum bin ich hier? Was liebe ich am meisten? Wie soll ich die restliche Zeit verwenden?

Diese Fragen und die Antworten, die sie bringen, machen dich traurig, oder sie krempeln dein Leben vollständig um. Dein geschäftiger Geist will Handlung, nicht Meditation. Du denkst, wenn du nichts *tust,* dass deine Arbeit nicht so vorankäme, wie sie soll. Hinsichtlich der Hilfe für andere lautet dein Urteil, dass der eine wohl Aufmerksamkeit braucht, während der andere besser dran wäre, wenn seine Schwierigkeiten anhielten. Dein Geist drängt auf das, was zu erledigen ist, während dein Herz sagt: *Nimm beide Seiten und sei auch in der Mitte.*

So sieht dein Leben aus, Najm Chachi. Du verlangst, dass sich die Aufmerksamkeit von allen auf dich und deine Arbeit richtet. Nun bist du da, sitzt zuoberst, mit Seidenfäden, die von den Seidenspinnrädern von unten heraufreichen. Bänder fliessen aus allen Richtungen auf *deinen* sich drehenden Seidenballen. Als ob es eine grosse Errungenschaft wäre, ordnest du die farbigen Bänder an, die sich gegenseitig um die sich ausdehnende Kugel wickeln.

2:30–31

INS INNERE DEINER ARBEIT

Dies war heute das Gespräch: Anstellungen stellen gewisse spezifische Anforderungen, die du nicht erfüllst, dennoch erwartest du vollen Lohn, und wenn du diesen nicht erhältst, bist du beleidigt und gehst zu einer anderen Art Arbeit. Eine Schaufel voll hier, und du bist weg zur nächsten. Mache so weiter, und am Ende hast du viel Erfahrung, aber du bist arbeitslos und nicht zu gebrauchen. Jede Art von Arbeit hat ihr Geheimnis, das durchlebt werden muss. Steh jeden Morgen auf und gehe *hinein,* tief hinein in deine Arbeit.

2:31–32

MINZE

Es wird allgemein gesagt, dass Minze und *halunak*[3] zur gleichen Familie gehören, aber Minze wächst aus Ablegern; *ha-*

---

3 Es war uns nicht möglich herauszufinden, welche Pflanze dieses Wort bezeichnet.

lunak aus Samen. Minzepflanzen haben keine Samen. Um Minze wachsen zu lassen, stecke einen Ableger in den Boden. Nach fünf oder sechs Tagen bewässere ihn. Danach bewässere ihn alle vierzehn Tage und achte darauf, dass die Blätter nicht nass werden. Versetze jede alle zwei Jahre in frisch vorbereiteten Boden. In der Regel stirbt Minze gegen Ende Juni ab und beginnt im späten März oder April wieder zu wachsen.

Pflanze Minze nicht zwischen die Lauch-, Knoblauch- und Zwiebelreihen. Alle Vegetation zieht Nahrung aus dem nahen Boden. Wenn diese in der Nähe von Minze gepflanzt werden, so verlieren diese Gemüse an Kraft und Geschmack. Ihr Wohlergehen ist wichtiger als die Minze. Bei aussergewöhnlichem Wetter, also zu grosser Hitze oder Kälte, überleben Lauch und Knoblauch eher, wenn sie überschwemmt werden. Überflute sie nach Möglichkeit während dieser Zeit mit stehendem Wasser. Sie werden natürlich nicht das ganze Jahr wachsen. Endivien stirbt mit der Sommerhitze ab. Auberginen gedeihen am besten, wenn sie zwischen Frühlingsanfang und Juni gepflanzt werden, je früher, desto besser.

2:34

TROPFEN VON SCHLAMMIGEM WASSER AN MEINEN AUGENWIMPERN

Ängste zu haben und traurig zu sein wegen der Tatsache, am Leben zu sein, ist wie schwarzen Schlamm und Abfall auf deinen Kopf aufzuschichten. Der Schlamm gleitet über deine Augen, und der Schmutz steckt sie an. Du kannst nicht sehen und wirst krank. Jedermann tut dies zu einer gewissen Zeit. Versuche, es nicht mehr zu tun. Lass deine Augen klar genug werden, damit du die Schönheit um dich herum siehst.

O Geber von Kümmernis und Trauer, erlöse mich aus meinem Sein. Gib mir den Frieden von Nichtsein. Dieses Gebet, wenn du es beten kannst, wird den Schlamm von deinem Kopf waschen. Da ist ein Geliebter, der schlammiges Wasser über den Kopf des Liebenden giesst, und da ist ein Liebender, der sagt: Ich kann dich mit meinen Augen nicht sehen, aber die Tropfen von schlammigem Wasser an meinen Augenwimpern sind mit der Rose deines Gesichts erfüllt.

2:35–36

ANMUT UND DIE RUNDUNG EINER HÜFTE

Ich hörte jemanden über die Schönheit von Heiligen sprechen und von denen, die in Abgeschiedenheit leben und das innere Leben pflegen. Ich sagte: Diese deine Liebe für diese Wesen bereichert den Boden deiner Seele. Es ist ein Dünger, der die Lebenskraft dessen, was da wächst, verstärkt.

Auf gleiche Weise sind beim Anschauen von Frauen die Rundungen einer Hüfte und schöne Beine ein sicheres Zeichen für Anmut. Wenn du davon mehr gefesselt wirst, beginnst du, die Nymphen im Paradies zu sehen. Trink den Wein der Frauen, bis du schliesslich ohnmächtig wirst. Das ist dann eine gute Zeit, deine Gebete zu beginnen.

Am späten Nachmittag fühlen sich menschliche Wesen verloren, und sie sind es, ausser jenen, die miteinander die Natur der Wahrheit und der guten Taten diskutieren (103:1–3).

2:38

DIE ROTE ROSE AUF EINE WEISSE PAPPEL PFROPFEN

Einige Pflanzen haben Wurzeln, die Aufmerksamkeit verlangen oder auch nicht. Reben, weisse Pappeln und Weiden sind in früheren Jahren gut gewachsen, und dieses Jahr, wenn sie vor dem Austreiben umgesetzt werden, werden sie Wurzeln schlagen. Sie müssen jedoch im Frühling in den Boden gesetzt werden, zu keiner anderen Jahreszeit. Auch andere Bäume sollten gepflanzt werden, bevor Blätter und Blüten erscheinen; einige werden jedoch Wurzeln schlagen, wenn die Blüten erst gerade, aber noch nicht ganz erschienen sind.

Wenn du Samen setzt, pflanze im ersten Sommermonat, so werden sie viel Wasser erhalten. Im Winter, wenn sie mit Schnee bedeckt sind, brechen die Samen auf und sind bereit zu wachsen.

Rote Rosen können auf die weisse Pappel gepfropft werden. Schneide ein Stück eines Pappelastes, etwa die Länge eines Fingers. Schneide und schäle einen Ast eines Rosenstrauchs auf dieselbe Länge. Lege ihn entlang dem Schnitt in der Pappel und bedecke ihn mit der Pappelrinde. Bedecke den ganzen Abschnitt mit Lehm und binde es mit etwas Stoff fest, dann bedecke das Ganze mit feuchtem Schlamm. Die Pappel wird die Feuchtigkeit in den gepfropften Teil aufsaugen, und Rosen werden aus dem Pappelbaum wachsen.

Feuchtigkeit steigt im Frühling durch Baumäste auf. Im Sommer zieht sich das Wasser in die Wurzeln zurück, und die obersten Äste trocknen aus. In der frühlingsbedingten Feuchtigkeit können Bäume sich mit anderen Bäumen verbinden. Apfel kann sich mit Quitte und Quitte mit Apfel verbinden. Schneide dazu einen frischgeschnittenen Apfelast zu einer scharfen Spitze zu wie ein Federkiel. Spalte dann mit einem Messer den Stamm eines Quittenbaumes. Halte die gespaltene Stelle mit der Klinge offen und stosse den zugespitzten Apfelast in die Öffnung. Nimm das Messer heraus und lege Schlamm darauf. Decke es mit etwas Stoff zu und binde es mit einer Schnur fest. Bedecke das Ganze mit Schlamm. Die beiden werden zusammenwachsen, wenn du dies im frühen Frühling vor der Blütezeit tust.

In den Dörfern werden im Frühling dünne Maulbeeräste geschnitten, mit langen Faserbüscheln gerieben und dann in den Boden gesteckt. Nach einem Jahr schlagen ganze Büsche von Maulbeerpflanzen aus. Die Blätter werden gepflückt und den Seidenwürmern gegeben, damit sie sich verpuppen. Das nächste Jahr spriessen noch mehr Maulbeerpflanzen, und dasselbe geschieht.

Diese Welt ist mit so viel Freude geschmückt, so vielen Wahrnehmungen von natürlichen Vorgängen. Früchte, Bäume, Bäche, Feuer, Rauch. Sie erzählen, wie sie die Welt durchschreiten und von ihr weggehen und wie es eine Wahrnehmung von Geist gibt jenseits dieser Wissenschaft von dem, was sichtbar und wachsend ist.

2:44

EIN IM VORAUS KLAGENDER

Wie ich so bequem dasitze, beginnt mein Magen zu schmerzen. Dann ist da das untrügliche Stechen von Zahnweh. Schwarze Flecken erscheinen auf meinem Gesicht. Ich habe anhaltenden Durchfall, und schneidende Knieschmerzen quälen mich, wenn ich gehe. So senkt sich das Alter auf diese Gestalt.

Diese Klagen werden zunehmen, bis ich durch das Todestor hindurchgehe, und wenn ich mit dem Klagen über meine Beschwerden so weitermache, habe ich keine Zeit für etwas anderes. Ich weigere mich, ein im Voraus Klagender im Trauerzug meines eigenen Todes zu sein. Von nun an werde ich diesem schnellen Verfall keine Achtung mehr schenken.

Ich werde vorgeben, dass ich den Felsgrund erreicht habe, alleine, verlassen, um in einer Wildnis von Ungnade zu sterben. Aber sogar hier geniesse ich es, am Leben zu sein, und habe auch einige Begehren, denen ich nachgehen kann. Dieser alte Körper lebt. Und dann stirbt er.

2:52

EHRLICHKEIT

Einer, der die Wahrheit sagt, ist jetzt wohlhabend und in der kommenden Welt gesegnet. Bezüglich der anderen Arten von Einkünften werden dir deine Freundschaften helfen. Lass den inneren Reichtum der Ehrlichkeit für deine Seele genügen.

Fahre fort, mit nichtislamischen Leuten weiterhin nach islamischem Gesetz zu handeln. Den Zehnten für die Armen, und von der Ernte anderer nur das Nötige für den Tagesbedarf deiner Familie nehmen.

2:55–56

VERLUST DER GNADE

Mohammed segnete die Menschen Gottes, was uns daran erinnert, dass wir die Gnade verlieren *können*. Wenn die Fähigkeit zur Versorgung von Frau und Kindern sicher wäre, so müssten wir uns keine Sorgen machen, aber wir machen uns Sorgen. Es gibt lichtverdunkelnden Neid und hinterhältige Gelüste, die wie Rauch über unseren Wegen hängen und uns zum Stolpern bringen. Wenn eines Morgens dein Quellwasser zurück in den Boden verschwindet und das Bachbett austrocknet, wer wird das klare Fliessen wiederherstellen (67:30)?

2:58

PAARE

Wirkliche Arbeit wird zu zweit gemacht (51:49). Finde deinen Begleiter. Du wirst ihn oder sie erkennen, wenn du dich in der Gegenwart dieser Person vollkommen bescheiden fühlst und wenn du dieser Person vertraust, dich zu leiten.

Erscheinungen werden heikel bei Nacht. Was du als dein Kind wahrnimmst, mag sich bei Tageslicht als der abgetrennte Kopf eines toten Esels erweisen. Du siehst über die Ebene eine Staubwolke auf dich zukommen. Du denkst, es wäre ein berühmter Reiter, und fühlst dich durch sein Herannahen so geehrt, dass du frische und elegantere Kleider anziehst. Da gibt es weder Reiter noch Pferd, nur groben Unfug.

Eine Ente gleitet über einen Schlammteich und taucht ihren Schnabel auf der Suche nach Würmern kräftig rundherum ein. Die Flügel werden schwer mit Schlammspritzern. Ein Passant hält an und beschimpft die Ente für ihre Gier. Was zum Teufel geht ihn das an.

2:60–61

FANATISMUS

Als Antwort auf die Ablehnenden und die Häretiker sage ich, dass ich auch der Feind von Abu Bakr wäre, wenn er so wäre, wie er von euch beschrieben wird, und auch der Sekte der Khareji, wenn sie Ali getötet hätten. Ich bin gegen Yazid und seine Bande, welche die Familie des Propheten herabsetzen, und ich würde Mohammed nachdrücklich gegen jene verteidigen, die sich zynisch und sarkastisch über ihn äussern, seien es Christen, Juden oder falsche Verwandte. Aber Leute, die solche Dinge kennen, sagen, dass ich eure Charakterisierung dieser Angelegenheiten nicht akzeptieren soll und dass sie auf verschiedenen Arten von Fanatismus beruhen.

Die Hanbaliten, zum Beispiel, sprechen von der »Ähnlichkeit« von Gott als von einem Wesen, zusammengesetzt aus Blut, Krankheit, Luft, Wasser, unbeseelter Materie und anderen Dingen, die neuartig und vorübergehend sind.

Dies ist lächerlich und handelt nur von Begriffen, von den Worten »Ähnlichkeit«, »Abbild« oder »Idol«. Solche Auseinandersetzungen finden immer statt über die Definitionen von bestimmten Begriffen.

Inmitten von Grundsatzstreitigkeiten magst du jemanden lieben, den andere als Feind betrachten, ihn sich vorstellend als jemand mit allen möglichen verächtlichen Zügen. Du sagst: Ich bin einverstanden. Ich würde auch gegen ihn sein, wenn er so wäre.[4]

Materialisten und Freidenker, denen alles als erlaubt gilt, argumentieren untereinander wie Kinder, die nur kennen, was gerade direkt vor ihnen ist, oder wie Esel, die nur mit ihrem Magen verstehen und so einen Haufen Futter bestens begreifen, aber sonst nichts.

2:62

DIE LAUNEN MEINER MUTTER

Die bissige Laune meiner Mutter ist zweifellos etwas, worüber die Leute im Hinblick auf mich reden, wie sehr sie mit Zorn zerrüttet ist und dass ich nichts dagegen machen kann.

Ich könnte ihr sagen, wie ich ihr Betragen empfinde und wie sie sich verbessern könnte, aber sie würde mich und meine Ideen nur lächerlich machen. Ich bleibe ruhig. Jedermann, der meinen Ratschlag will, kann zu mir kommen. Jemandem Rat zu geben, der nicht danach fragt, ist wie kleine, mit Wörtern beschriftete Papierfetzen ins Feuer zu werfen.

Derwische müssen nicht erklären, warum sie tun, was sie gerade tun, oder nicht tun, was sie nicht tun.

---

4 Dieser kursive Abschnitt ist eine Randnotiz in der gleichen Handschrift wie der Text.

2:67

EIN WUNDERSCHÖN BEPFLANZTER PARK

Er unterwarf die Erde für dich. Gehe dies wissend in diese Gebiete (67:15).

Du solltest Anmut erwarten, was das Leben mehr als nur beherrschbar macht, aber du schaust woandershin und willst einen anderen Genuss als diesen.

Dein bewusstes Wesen, das dir gegeben wurde, sollte sein wie ein schön angelegter Park mit Wildblumen und herangezüchteten Wundern, einem schnellen Bach mit geschützten Orten, um sich daneben hinzusetzen und auszuruhen.

Wenn eine bekümmerte Person dich sieht, so sollte er oder sie einen Schutz, Erfrischung, ein grosszügiges Haus erkennen, wo man nicht Brot und Käse mitbringen muss. Dort gibt es von allem reichlich.

2:74–75

RAUCHSCHWADEN

Saubere Kleider und teurer Schmuck werden einen geschwärzten Kern nicht verdecken. Das Glimmen schickt Rauch durch die Ritzen. Du wischst die Schwaden weg, aber sie kommen immer wieder.

Wie seine kriminellen Handlungen Mauern um einen Gefangenen errichtet haben, so hindern deine Vergesslichkeit und deine Weigerung, Licht einzulassen, deine Seele am Reisen.

2:78–79

VERSCHIEDENE ÄNGSTE

Koran 98:8 spricht über die *Furcht* vor dem Herrn, aber was *ist* dies? Angst vor etwas anderem, irgendetwas anderem als *dem Herrn,* ist nicht wie dieses tiefe Erzittern. Jedermann hat die anfänglichen Ängste, die dem menschlichen Leben eigen sind. Dann wächst das Vertrauen, und die Furcht vor dem Herrn tritt hinzu als eine Wurzelkraft und steigt zu einem dünnen Ast auf. Nimm sie auf und habe keine Angst (20:21). Die Furcht von Moses gründete in seiner Zuflucht.

Dies ist mein Gebet: Ich gebe Dir meine Ängste. Wenn ich krank bin, bring mir Gesundheit. Sterbend, gib mir Leben. Mache meine tiefste Erniedrigung zur Zierde. Und wenn ich die Schönheit einer Frau wünsche, gib mir dies. Mache Frauen schöner und meinen Wunsch nach ihnen stärker.

2:81

WO IST DER REST?

Wir bewundern unsere schönen Kinder. Wir bummeln Stadtgeschäften entlang und bewundern das Angebot. Wir ziehen unsere Vorhänge auf. Wir sehen Dinge aus Gold oder Ruhm, von Königreichen und den anderen anziehenden Mächten. Sie werden vor dem Herrn verhüllt sein (83:15).

Erinnere dich, wie der Stab von Moses sich veränderte und plötzlich die Armeen des Pharao verschluckte, wie wenn sie nie da gewesen wären. Wir sitzen hier und beklagen unsere Verluste, geschäftig mit den unbedeutenden Kleinigkeiten, die nichts sind, schon gegangen, dem Alligator zugeworfene Speisereste, der seinen Kopf hebt und sagt: *Dies war nicht viel. Wo ist der Rest?*

So bereiten wir sorgfältig den Schmuck, den wir tragen wollen. Lass mich dabei helfen. Hier, dieser Weg. Freunde, stattdessen lasst uns unsere falschen Schichten des Ego enthüllen. Reisse sie heraus. Wenn wir gemeinsam daran arbeiten, können wir vielleicht unsere Anmassungen erkennen, die Grausamkeit und die Dummheit, und die Wege, ohne sie zu leben, entdecken.

2:87–88

MEHR MACHT

Bewegung und Ruhe, Zerteilen und Sammeln, dies sind die Kräfte, die den göttlichen Willen in der offenbaren Welt werden lassen (100:9–10). Was ins Grab geht, ist ein vom Wind davongetragenes Pulver. Was das Herz bewegt, sammelt sich und wird offenkundig.

Es gibt zwei Arten von Leuten an der Macht: den unsicher zögernden Menschen, der heiss und dann kalt atmet, wie die alten Männer von Chagha und Balkh und ich selbst, wenn ich schwach bin. Und dann sind da die anderen, die immer mehr Macht wollen.

Jedermann mit Macht gerät unter eine höhere Herrschaft. Du hast verschwendet, was du hattest. Nun verlangst du von Gott noch mehr. Ein Kind spielt mit der Spindel der Mutter, gebraucht sie als Kreisel und zerbricht sie. Es fragt seine Mutter nach einer anderen. Auch wenn sie eine hätte, würde sie sie ihm geben? Natürlich nicht, egal wie laut es schreit.

Was würdest du mit der zusätzlichen Macht zu erreichen versuchen, und welche Erfahrungen hast du bei solchem Tun gemacht?

2:89–90

FREIE WAHL UND FATALISMUS

In Khwarazm sind die meisten Mu'taziliten. Keiner behauptet dort *jemals*, eine *Vision* von Gott gehabt zu haben. Die Leute denken von sich selbst als frei handelnde Gestalter ihres Lebens. Wenn sie einen Jabriya treffen, einen, der glaubt, dass alles Vorherbestimmung ist, hauen sie ihm auf den Kopf und sagen: *Es ist Gottes Plan, dass ich dies tue.* Khwarazm ist hart zu den Anhängern der Vorherbestimmung. Ihre Häuser werden geplündert, und wenn sie in Armut des Weges gehen, werden sie geschlagen und verprügelt. Mu'taziliten hingegen erfreuen sich des Reichtums, den sie den Jabriyas wegnehmen, diesen Faulen, die nie etwas beginnen. *Das ist Gottes Geschäft,* sagen sie. Offensichtlich ist es das ihre, in beiden Welten zu leiden.

2:92–94

LEBHAFTE BEGLEITER

Leute nähern sich Gott gemäss ihrer Verständnisebene, einige, um Gewinn und Verlust zu diskutieren, andere, um einen Namen für das göttliche Geheimnis zu finden. Andere sind in Astrologie interessiert; andere rechten um Sein und Nichtsein.

Behauptungen auf diesem Gebiet erscheinen mir wie Umherirren im Dschungel ohne vertraute Wegmarke. Es gab eine Zeit, als alle für Gott verschiedene Namen hatten. Dann kamen die neunundneunzig Eigenschaften durch die Propheten.

Ich nehme an, wir sollten die Vertreter der Vorherbestimmung fragen, ob sie gegen Verbrechen sind oder ob sie es als Teil unseres Schicksals, als von Gott geplant und geleitet betrachten.

Wenn alle Länder gleich wären, gäbe es keinen Ehrgeiz, kein Gedränge um Vorteile und keine Lebhaftigkeit. Die Essenz der Menschheit ist ein nervöses und aggressives Feuer. Wenn dieses erlischt, sind wir nur wie Tiere durch Hunger und Durst und Sex getrieben.

Die Lehrmeinung der Mu'taziliten hat sich in mir im selben Masse gekräftigt, wie die Ideen der Verfechter der der Vorherbestimmung schwächer geworden sind. Ich sage meinen Schülern, dass wir wie eine Armee sind, die sich im Lager ausruht, an ein gemütliches Leben gewöhnt, mit vielen militärischen Vorteilen. Dann schauen wir auf, und eine gut organisierte, gut ausgerüstete Truppe steht unmittelbar bei uns. Wenn wir wegrennen, wünschen wir uns, dass wir Teil der gegnerischen Truppen wären.

Wir sprechen friedlich mit Freunden; dann plötzlich geschieht etwas. Jemand tritt neu in die Gruppe ein, ein neues Thema, und die Luft ist voll von Konfrontationen und Herausforderungen. Einige von uns stehen auf der Seite, beobachten und warten, um zu sehen, wer gewinnen wird. Andere geben vor, mit beiden Seiten zufrieden zu sein, aber dann sehen sie, dass einige besser leben. Sie regen sich auf. Es ist nicht gut, die Häuser der Leute auszuspionieren.
Streit kommt in den Bereich des Herzens, weil das Ego und die Seele dort am selben Ort leben. Die *nafs* (unsere tierischen, verlangenden Energien) und unser Sehnen nach Gott (der hellste Teil der menschlichen Intelligenz) bewohnen beide das Herz, die Quelle der Liebe.

Wenn ein Mann in einem Haus lebt, das von einer Frau beherrscht wird, werden die Dinge nicht gutgehen oder gut enden. Ein empfindliches Gleichgewicht ist für ein harmonisches Leben notwendig. Eine Frau ist ein Spiegel. Wirf keine Steine nach ihr. Aber ebenso gilt: Werde als Mann nicht ätherischer Dunst, der magisch in die Spiegelwelt fliesst und zu dieser wird. Gott hat die Frauen ernährend und aufmerksam gemacht und grossen Wert auf ihren Fleiss gelegt.

Seele und Persönlichkeit können bestens als Mann und Frau zusammenleben, verheiratet. Lass nicht das Ego das Wachstum der Seele übernehmen. Und löse auch die Persönlichkeit nicht vollständig in den Absichten des Geistes auf. Lass beide in sich stark als lebhafte Begleiter bleiben.

2:95

EIN BOOT NAMENS *QUANDARY*

Wer auch immer diesen Ort *Heim* nennt und dies auch meint, bleibt verloren und unzufrieden. Diese Ebene der Existenz ist die Oberfläche einer stürmischen See. Wir sind in einem Boot namens *Quandary,* manchmal teilweise hinuntergezogen, dann durch die Wellen in die Luft geworfen.

Aber wenn dein Herz in der Ewigkeit lebt, wirst du dich in dem, was wir *islam* nennen, friedlich fühlen, die ruhige Tiefe, wo es wenig Gezeitenströmungen gibt.

Du hast einen *Köcher* für die Pfeile, mit denen du jagst, aber wenn du nach Gott jagst, hast du einen *Köcher* in dir? Ist deine Suche lebhaft und *bebend?* Wenn du sie vergisst, wenn du glücklich bist oder wenn du sie bei körperlichen Schmerzen auf später verschiebst, so wird deine Jagd eine falsche Heuchelei sein wie das Volkslied

> Ich liebe ihr Lachen, berauschte
> Augen, ihr lockiges Haar.

2:95b–96

LEBENDIGKEIT

Ich suche nach dem, was wirklich lebend ist, in der Absicht, mir darüber mit Scharfblick klar zu werden. Ich lese im Koran 17:110: Rufe nach Gott, dem Gnädigen, dem Barmherzigen, oder benutze irgendeinen der anmutigen Namen.

Wenn du in diese Eigenschaften hineingehst, so verstärken sich Lebhaftigkeit und Intelligenz. Die Energie, mit der eine Stadt, Minarette und Arkaden gebaut werden, kommt als Geschenk aus den Eigenschaften Gottes, desselben, der den Himmel in Bewegung und die Berge in ihrer Ruhe hält (51:47). Wenn du dieses Getragensein nicht spüren kannst, so interessiert nichts; nichts erfreut dich oder macht dich neugierig. Menschliche Lebendigkeit schwindet dahin, im selben Mass, wie das Sehvermögen die Quelle, die alles durch Form und Ereignisse schafft und bewegt, und das Geschehen gestaltet.

2:99–100

EINES TAGES

Tajzayd, mein gescheiter Begleiter hier in Balkh, sagt, dass jedermann durch ein Bedürfnis festgehalten wird, aber ich scheine keines zu haben. Ich muss also frei sein. Liebende schauen nicht zurück auf die Anfänge oder voraus zum Ende. Sie sind einfach da, *dies* sehend. Ich habe nichts damit zu tun, wie dieser Ort und Augenblick zustande kam, oder damit, wohin er führt.

Jene um Tajzayd sagen, dass, wenn wir zu jemandem hingezogen werden, wir uns mit der Anziehung verbinden. So errichten wir unsere Beschränkungen, aber mir scheint auch, dass, wer sich von einem Freund abwendet, noch elender sein wird. Jene ohne Begehren leben in einem Schmerzensgefängnis, das eigens nur für sie da ist.

Tajzayd sagt auch: *Ich bin ein Geliebter.* Dies ist einfach nachzuprüfen. Liebende sind dem Geliebten immer gefällig, so wird es keine bleiche Sehnsucht in seinem Gesicht, keine Sorgenfalten geben.

Tajzayd, sogar diese Yepaghu-Türken sind bessere Liebhaber als du. Du behältst eine Heirat in deinem Herzen versteckt und sagst: *Eines Tages,* wohingegen sie öffentlich *heute* feiern. Deine Geliebte mag verändert aussehen, wenn die Zeit von *Eines Tages* kommt. Erwartest du andauernde Vereinigung in einer Verbindung, die nur einige Tage andauert?

Können sie den Koran verstehen, oder umschliessen Ketten und Schlösser ihre Herzen (47:24)? Gehe zum Koran. Lasse hinter dir, was immer dein Herz einschränkt. Der Schlüssel ist bereits in deiner Hand. Reagiere. Dreh den Schlüssel und geh hinaus von dort, wo du dich in einer *Vorstellung* von Liebe eingeschlossen hast.

2:100–101

VERSCHWOMMENHEIT

Du gehst zum Gebet, ohne dich nach der Morgentoilette richtig gereinigt zu haben. Nach dem Gebet bittest du um besondere Gefälligkeiten. *Ich habe gesündigt. Lass mich nicht in Ungnade fallen. Bitte bestrafe mich nicht.*

Es ist Gottes Grosszügigkeit, zu vergeben, aber zuerst musst du die inneren Konsequenzen deiner eigenen Vergesslichkeit fürchten. Erst wenn du eine tiefe Hilflosigkeit fühlst und wahrhaftig auf Rettung hoffst, die aus dem Jenseits kommt, wird Gnade in dich fliessen.

Wenn du in deiner normalen schlampigen und selbstsüchtigen Art durch den Tag gehst, wirst du nur mehr und mehr verrückt. Du machst zu anderen idiotische Bemerkungen und behauptest, *gestern* dies und jenes erreicht zu haben. Aus dieser Verwirrung heraus wirst du nichts Wertvolles tun. Du bist wie ein Feigenbaum, der nicht ganz verwurzelt, aber auch nicht ganz entwurzelt ist. Wie eine Rebe, die von der Mauer abgelöst wurde, bist du nicht vollständig sichtbar, aber auch nicht vollständig versteckt. Eine wolkige Verschwommenheit, die sich noch nicht in einer deutlichen Richtung bewegt, aber auch nicht stillsteht.

2:107

SEI LEICHTER MIT DEINEN PLÄNEN

Ich fragte mich, welche Art von Lernen ich als Nächstes ergreifen soll, und meine Betrachtungen wurden mühsam und erschöpfend. Ich wandte mich dem Vers zu, sprich: *die Freuden dieser Welt sind von kurzer Dauer* (4:77), was für mich bedeutet, dass ich das aufnehmen soll, was gerade als Nächstes kommt, ohne mich zu wundern, wie dies geschehen ist und was die möglichen Folgen davon sein könnten. Nimm die gegebenen Freuden an, und versuche nicht, sie für dich zu behalten. Dies ist Süchtigkeit. Die Interessen und Vergnügen der Vernunft sind fliessende Gewässer, die aus dem Osten und aus dem Westen kommen. Schmecke und lass sie los. Wenn Sorgen kommen, überlege nicht, wie verhindert werden kann, dass sie wiederkommen. Sie werden. Sorgen versammeln sich wie Wolken über unseren Köpfen, regnen Schmerz herab, klaren auf und ziehen weiter. Und teile deinen Lebensunterhalt nicht in genaue tägliche Portionen auf. Sei leichter mit deinen täglichen Plänen, weniger vernünftig. Als du an der Brust deine Mutter saugtest, hast du da die Löcher in ihren Brustwarzen gezählt? Die Milch kam wie benötigt.

2:109

KINDER HÜTEN

Verwirrt in meinen Beweggründen, nicht auf die Kinder oder meine Arbeit achtend, wenn ich die Stimme eines Kindes auf der Strasse rufen höre, frage ich mich über *mein* Kind. Wenn ich mein Leben mit Sorgen über Nachkommen verbringe, verliere ich vielleicht viel Zeit, aber wenn ich sie nicht zur Kenntnis nehme, verlieren sie vielleicht die ihre.

2:111, 113

ENTSCHEIDUNGSÜBUNG

Ich gab meinen Schülern folgende Aufgaben zum Vertiefen: Ein Mann hat zehn Läden, in denen er fünf oder sechs verschiedene Arten von Waren und Dienstleistungen anbietet. Seine Ausgaben übersteigen sein Einkommen. Etwas muss sich ändern. Er erwägt, die Stadt zu verlassen und anderswo zu leben, aber er hat seit Jahren in diesem Quartier gelebt. Er hat Freunde. Er ist Teil der Gemeinschaft. Kann er solche Nähe und Vertrautheit aufgeben?

Betrachte auch die Situation des Ehemannes einer Frau, die Lieder schreibt und öffentlich vorträgt. Eines Tages kommt er unerwartet nach Hause und findet sie mit einem anderen Mann. Er stürmt hinaus und schwört auf Scheidung. Später erinnert er sich an die zubereiteten Mahlzeiten, die sauberen Kleider, das warme Bett und den Reiz, mit einer Frau zusammen zu sein, die schöne Lieder singt, welche sie selbst geschrieben hat.

Wie werden solche Entscheidungen gefällt? Unterliegen alle im Moment der Ausweglosigkeit unterschiedlichen Zwängen?

2:114

EINIGE UNBESTIMMTE WAHRHEITEN

Ich sage den persischen Rednern, dass alle Handlungen ein Objekt haben. Arbeit, heilige Kriegsführung, andere Arten der Kriegsführung, Gebet und jede gute Tat führen zu einem Punkt, deine Beziehung mit Gott, das wachsende Bewusstsein innerhalb des Geheimnisses, in dem wir leben und das in uns lebt, das Vertrauen vieler Namen und auch keines. DAS, was nie *gesagt* werden kann oder in einem Wort enthalten ist.

Unsere Antwort auf dieses Geheimnis ist aus zwei Gefühlen zusammengesetzt, Hoffnung und Furcht / Ehrfurcht. Die Gefühle innerhalb der Furcht sind oft rücksichtslos und heftig. In der Hoffnung ist Zärtlichkeit und Liebe, und das eine ist immer im anderen anwesend. Furcht lebt in der Hoffnung, und Hoffnung lebt in der Grausamkeit. Diese materielle Welt kommt mit diesen beiden angeborenen Eigenschaften in die Existenz.

Als Kalif Omar und der König von Äthiopien dies hörten, brachen sie sofort in Tränen aus. Warum weinen wir *nicht?* Es kann sein, dass sie in dieser Neuigkeit eine tragische Tiefe hörten, die wir nicht hören, eine Wahrheit, die hart und zugleich unbestimmt ist.

Jene nahe bei der *kaaba* sind mutiger in ihrem Wissen als jene im äusseren Umkreisen. Sie behalten die ursprüngliche Feuchtigkeit in ihren Gliedern, die sie retten wird, wenn das Feuer kommt, wohingegen jene, die sich von den Lebensproblemen *austrocknen* liessen, schnell brennen und zu Asche werden.

2:115–116

VERDAUUNG

Ich habe eine grosse Mahlzeit verzehrt, und nun denke ich darüber nach, wie jedermanns Magen mit verschiedenem Essen und Trinken gefüllt ist. Eine Offenbarung kommt: Diese Gemüse und Früchte, diese Fleischstücke, die farbigen Fruchtgetränke, die Brote mit der harten und der weichen Rinde, sie alle sind in uns *lebendig* und lobpreisen.

Und genau gleich sind Menschen, Tiere und die Geisteswesen Nahrung, die in das Geheimnis geschmeckt, gekaut und verdaut wird. Bei diesem Vorgang wird Dankbarkeit als Energie freigesetzt.

Sterne regnen ihre Vorzeichen und Einflüsse herab, und so werden die Konstellationen zur Luft, die wir atmen, die Pflanzen ernährt, die Tiere und uns, die menschlichen Wesen, die diese Sprache ersonnen haben, mit der wir loben, uns anmassen, zu sein, und Gott ärgern.

Wenn ich mich an Rosengärten und andere Annehmlichkeiten erinnere, beobachte ich dunkle Flecken auf meinem Handrücken. Keine Überraschung dort. Bäume beginnen als dünne Schösslinge, dann werden sie steifer mit einer dicken Hülle aus Rinde. Dasselbe geschieht mit meinen Händen.

Aus meinen Gebeten kommen dunkeläugige Frauen, um mich abzulenken. Auch dies ist natürlich. Es gibt so *manche* Form des Begehrens. Dann kommen Kinder und neue Wege der Liebe, neue Liebste. Es ist herrlich, wie das Wollen sich verändert, wenn es Nachkommen erzeugt, mit einem unendlichen Lachen hinter all dem.

Erinnere dich an Gott in allem, was du tust. Zum Beispiel, wenn du einen Geschmack für das Liebemachen suchst, erinnere dich, dass jene heftige Lust und die Kontraktion zu ihr hin als ein Geschenk von deinem Herrn kommt. Sogar bei einem Schwächeanfall oder einem Schlag, erinnere dich, wenn du kannst, dass die Gegenwärtigkeit, die in Erdbeben und Erschütterungen lebt, dieselbe ist wie die, die in dir zittert.

Ich habe beobachtet, dass nichts im Leben mächtiger ist als die Köstlichkeit der Liebe. Innerhalb unserer tiefsten Gefühle für Ehre, Hingabe und Bescheidenheit verläuft ein Faden des Wollens von Liebe und Liebemachen. Die anderen Eigenschaften wachsen *daraus heraus.* Sie vermehren sich reichlich innerhalb des Gott-pulsierenden Genusses.

2:117

LIEBEMACHEN

Sex ist ein Feuer, das an zwei Orten zündet: im baumgrünen saftnassen Samen eines Mannes und im glimmenden Schoss einer Frau. Wenn dort tief in ihr keine Liebe für den Mann ist, so wird keine Flamme des Liebemachens aufsteigen.

2:123–124

SAMEN UND LANDBEVÖLKERUNG

Ich beriet den Abgesandten aus Khwarazm dahingehend, dass er sich aus dieser Region zurückziehen und alle Verbindungen zu ihr kappen soll, wegen des Angriffs, den Ala'uddin Muhammad Khwarazmshah gegen Khorasan geführt hatte. Ich sagte dies als Warnung und sehe seine Zwangslage als eine Ermahnung an uns, vor jeglicher Handlung sicherzustellen, dass sie niemandem Unglück und Leiden bringt.

Wir sollten mehr wie die Landbevölkerung sein, die für ihre Arbeit freiwillig auf den Schlaf verzichtet. Wenn die Ernten reichlich ausfallen, so haben sie ihre Belohnung. Falls nicht, so werden sie sie in einem anderen Bereich haben. Die Mauern dieser materiellen Ebene haben eine rückwärtige Verstärkung. Im Innern jeden Gewächshauses ist ein Garten. Innerhalb dieser Gewächshauswelt wächst eine ewige Blume. Wenn die Ewigkeit nicht wirklich wäre, so würden wir nicht sagen, dass dies *vorübergehend* ist.

Siehe die Ähnlichkeit des Lebens mit Wasser, als das Wir herabregnen lassen. Die Pflanzen dieser Welt nehmen es auf, die am Morgen sind vom Wind verblasenes Stroh (18:45).

Was in die Gräber geht, wird zerstreut und geht verloren (100:9–10). Was im Herzen ist, wächst immer weiter und wird immer offenkundiger.

Samen im Boden sind wie reine Wesen in den Gräbern. Der Regen kommt. Wir waschen diese Samen in den Gräbern, und wie bei den geschmeidigen Samen-Särgen in einem Schoss kommen daraus neue Gesichter, neue Bäume, Hände und Füsse, welche bisher weder auf der Erde noch in den Ozeanen gesehen wurden, neue Wesen mit ihrer Gegenwärtigkeit, welche bisher weder in dieser umgebenden Luft noch unter diesen Sternen je gefühlt wurden.

Ich habe eine ernsthafte Entscheidung getroffen und werde meine Arbeit zu einem Abschluss bringen. Ich bin ein guter Gärtner, und ich will, dass dem Meister gefällt, was ich getan habe, um Seine Schöpfung deutlicher zu zeigen. So habe ich einen Beschluss gefasst. Dann wurde ich schwach und undeutlich. Schwierigkeiten ergeben sich tatsächlich. Aber wie ich den Leuten um mich herum sage: Auch wenn dein Körper zusammenbricht und deine Sprachfähigkeit sich verringert, dir wird es noch immer gutgehen – keine Schuld wird haften bleiben –, wenn das Fundament deiner *Absichten* klar bleibt.

2:130

WAS ALS NÄCHSTES BEGINNEN

Ich kann mich nicht entscheiden, welche Arbeit, welche Studie ich unter den verschiedenen Möglichkeiten als Nächstes in Angriff nehmen soll. Wenn es keinen Geist, keine Seele, keine göttliche Dimension oder keinen Wert gibt, dann ist das, was du tust, reiner Zeitvertreib, bedeutungslos und hohl. Andererseits, wenn Gott und das Geheimnis des Geistes sich mit diesem Ort und dieser Zeit in gleichzeitigen Schichtungen überdecken, dann vollzieht *alles,* woran wir arbeiten, die Ewigkeit und ist die eigentliche Bewegung des Geheimnisses. Jede Handlung, jedes Wort und jede Idee erscheinen in der Gegenwärtigkeit dieses Augenblicks und auch in der des *anderen*. Dies ist eine grosse Wahrheit des Seins.

Ob eine besondere Handlung zu einem zukünftigen Himmel oder Hölle führt, ist keine Betrachtung wert. Es ist nicht mal wichtig, wann du sterben wirst. Die Ewigkeit schafft sich selbst an diesem Punkt. *Dieser* Augenblick ist, wenn du Gott näher und näher wirst. Zeit und das Unendliche rollen sich zusammen in jeder Kerbe, jeder Berührung, jeder Murmel, jedem Zacken und jeder Wurzelfaser. Hier und jetzt ist, wo dir das Wunder gezeigt werden kann, das Wunder von dem, was andauernd geschieht.

2:131–133

TRUPPENBEWEGUNGEN IN ALTEN SCHLACHTEN

In der vergangenen Stunde war ich verwirrt und unsicher über das, was ich durch die Sinne wirklich wahrnehme und wann und wo eine neue Wahrnehmung beginnen kann. Was ist, wenn ich Gott wäre? Dann würde diese offenbare Welt die Zerstreuung zeigen, die ich erfahre, oder sonst meine freudige schöpferische Stimmung. Zusammenzug und Ausdehnung, beide wären vollkommen. Und da dies mein geheimer Platz ist, wo ich alles sagen kann – und es niemand hören wird –, rate ich meinen Schülern, jene zu befreien, die nach Erleichterung rufen. Lasse den Fluss und die Weite der Erfüllung zu. Blockiere ein starkes Begehren nicht. Lass die Umhüllungen fallen, wie sie es wollen und müssen.

Der geschätzte Arzt schreibt vor, dass du drei Tage vor der Blutentnahme ein Saftgemisch trinken sollst, das aus vier Teilen Saft der dunkelroten Brustbeere und einem Teil Pflaumensaft besteht.

Er sagt auch, dass du dich während des Aderlasses auf Kissen zurücklehnen und deinen Geist ausruhen sollst. Nimm im Laufe dieses Vorgangs drei Glas Rotwein zu dir, und wenn keinen Wein, dann eine Maische aus sauren Trauben mit Zucker.

Ich freue mich immer, Khwaja Hajjaj zu sehen; dann beginnt er zu sprechen. Ein vornehmer Mann aus Samarkand, aber schwierig zuzuhören. Er erzählte mir zum Beispiel diesen Vorfall:

> Es gab eine Frau, die behielt Brot über acht Monate auf.
> Wir müssen dieses Brot essen, bevor es ein Jahr alt ist, sagt sie ihrem Mann.
> Zieh deine Kleider aus, antwortet der Ehemann. Gehen wir ins Bett.
> An diesen Kleidern ist nichts Schlechtes, und warum willst du ins Bett?
> Wenn wir es nicht tun, werde ich für acht Monate krank.

Auf eine mystischere Art beanspruchte Hajjaj folgende Vision:

> Während ich betete, erschien ein Mann vor mir.
> Unter seinen Augen waren tiefe Ringe vom ununterbrochenen Weinen.
> Er sprach eine Weile mit mir, dann ging er durch die Wand weg, ohne die Tür zu benutzen.

Eine weitere Prahlerei von Khwaja:

> Ich bin dreihundert und fünfzig Meilen ohne Nahrung und Trinken gereist. Jeden Monat lebe ich von viereinhalb Kilogramm Mehl. Ich mache daraus Brot und lasse es trocknen, dann zerbrösle ich es und spritze Wasser auf die Brosamen. Dies ist meine einzige Nahrung.

Seine Geschichten machen mich Khwaja gegenüber *weni-*

ger wohlwollend, und gegenüber allen. Manchmal, wenn ich alleine bin, erinnere ich mich an die Vorkommnisse, die mir erzählt wurden, Dinge, die in den Schlachten in Samani und in Khwarazmshah, in Khatabi und in Qhur geschahen, und mir erscheint das Nachdenken darüber, was anderen geschehen ist, hauptsächlich als Zeitverschwendung. Es ist hilfreicher, sich an das eigene Leben zu erinnern.

Gebe weniger Acht auf Könige und militärische Aktionen, die Zänkereien um Macht. Lass grosse äussere Ereignisse vorbeiziehen, ohne davon besondere Notiz zu nehmen. Was wirklich ist, ist deine Freundschaft mit dem Geheimnis und die dortige unmittelbare Gemeinschaft.

2:135

DIE EINMALIGE QUALITÄT DEINES BEGEHRENS

Ein Mann aus Samarkand sagte: Wenn du mich umbringst, wirst du als Krieger bekannt. Wenn ich dich umbringe, so wirst du ein Märtyrer. Er gab seinem Pferd die Peitsche und ritt davon, bevor ich ihn zurechtweisen konnte.

Unsere Vorstellung von Geist ist wie das Schauen in ein nebelbedecktes Tal auf einem Berg stehend. Wenn wir abwärts dort hineingehen, wird der Nebel grünlich und füllt sich mit Details, Bäumen, fliessenden Gewässern. So wird der Übergang vom Tod in den Geist sein.

Es gibt viele Arten von Mystikern, viele Blumen des Erkennens. Welcher Typus bist du? Deine Kinder können sehr wohl eine völlig andere Spezies sein. Da gibt es jene mit einem vollständigen Vertrauen wie Ishmael und jene wie Abraham, der mit gezogenem Messer dastand, bereit, Isaak zu opfern. Und dann gibt es da Aghun-Sha, der seinen Sohn vor einem Lebensmittelgeschäft beim Analverkehr entdeckt.

Achte nicht auf das Geschwätz. Sorge dich nicht darum, ob deine Söhne dir ähnlich oder unterschiedlich zu dir sind. Jede Seele ist in ihrem Verlangen einzigartig. Vertrau darauf, was du selbst siehst und erfährst. Niemand kann die Art deiner Vorlieben kennen bezüglich Nahrung, Trinken oder Sex. Dein Vater, deine Mutter und deine Kinder fühlen die Eigenschaften *deines* Begehrens nicht. Die kannst nur du wissen.

So lasse niemanden in deine Angelegenheiten sich einmischen, und du sollst dich ebenso von jenen der anderen raushalten. Dies kann für alle ein Unglück werden.

2:138–139

FESTSITZEN IN EINER NIEMANDSSTADT

Ich brummelte mein Missfallen darüber, dass ich in dieser schäbigen Stadt mitten im Nirgendwo mit dem Namen Wahksh steckengeblieben bin, wo andere sich in Samarkand, Baghdad und Balkh an den lieblichen Errungenschaften der Zivilisation erfreuen. Ich will mehr Grosszügigkeit und Tiefe um mich.

Die Antwort: Wenn Ich dein Begleiter bin, brauchst du *nirgends* zu sein. Wenn du nicht innerhalb dieser Freundschaft lebst, dann wird es überall gefährlich und grässlich. Du wirst schrecklich allein sein. Verglichen mit dieser Begleitung hat dein Umgang mit Scheich Taaj, dem Polizisten Mo'in und anderen, die für die Regierung arbeiten, nichts *Wesentliches* an sich. Du bist auf dem Weg der Wahrhaftigkeit und des Herzens. Wen immer du da triffst, wird deine Aufrichtigkeit und dein wahres Wesen erkennen.

Manchmal leide ich an dem Gedanken, dass Ereignisse zufällig geschehen und dass es keinen Sinn hat, ihren Lauf zu ändern zu versuchen. Diese Ideen haben mich zu schmerzlichen Abzweigungen geführt, eine davon ist, dass

Gott durch Quälerei wie auch durch Güte bewegt. Eine andere Idee ist, dass Gott damit nichts zu tun hat.

Wir müssen aus dem Zentrum heraus leben. Diese Schauer von Verwirrung kommen, wenn wir nicht mit unserem Tun aus diesem Kern herausgelenkt werden. Wenn du ein Herzenswerk beendest, geh ohne Unterbrechung zu einem nächsten, nur mit einem Ziel: sich am Geschmack und an der Würde der Erleuchtung und des Herrn zu erfreuen.

2:139–140

NACKTHEIT

Ich fürchte mich davor, dass jemand meine Fehler sieht, meinen Glatzkopf, mein Geschlecht, meine körperlichen Mängel, die ich mit Kleidern verstecke. Aber Braut und Bräutigam sehen alles voneinander. Sie können auf viele Arten miteinander sein, zärtlich und neckisch, spielerisch grob, auf jede erdenkliche Art, weil sie keine Angst voreinander haben.

Ähnlich weiss das Geheimnis von Gott alles über mich. In Anbetracht dessen sage ich: Tue mit diesem Körper, was immer Du willst. Jeder Teil von mir steht nackt vor Dir, wie eine neue Braut, bereit für alles, was kommen wird – Liebe, Angst, Dienen, Schwierigkeiten, Demütigungen, Genuss.

2:141–142

BUCHARA FÜR SÜSSIGKEITEN

Wie wäre es, wenn wir zu Hause die gleichen seelenbezogenen Gefühle hätten wie in der Moschee?

Ich sage zu meinen Schülern, dass das, was sie *tun,* ihre grundsätzliche Natur nicht verändern wird, obwohl es erworbene Eigenschaften verändern kann. Was würde geschehen, wenn alle Geschäfte und Statussymbole dieser Stadt mit denen einer anderen ausgetauscht würden? Und dann einige Zeit später, nachdem dieser Wohlstand und die Mittel zu diesem Wohlstand in diese andere Stadt versetzt wurden, vielleicht in jene, in der du aufgewachsen bist?

Manchmal, wenn du Bäume versetzt, wachsen sie nicht mehr dort, wohin du sie gepflanzt hast, und deine Arbeit wird zunichte, aber du versuchst es weiter. Wir haben verschiedene Wege bestimmt, um ein Auskommen zu haben (41:10). Jeder Ort hat seine einmaligen Vorteile. Ein gewisser Boden ist richtig für Dattelanpflanzungen, anderes Land für Pfirsichbäume. Buchara ist perfekt geworden, um Süssigkeiten herzustellen. Diese schönen Veränderungen halten die Welt geordnet und vermeiden einseitige Überladung.

Wenn ich mich zurück in der Schöpfungszeit fühle, als die Organe meines Körpers aussortiert wurden, die Mineralien verteilt, die Berge an ihren Stellen blühten, die Lebensformen zum Leben kamen, dann fühle ich die Gegenwärtigkeit von Geistern, die Blumen und schöne Frauen mit Musik bringen und Trompeten, die die Menschheit willkommen heissen. Dann kehre ich in einen beschränkteren Zustand zurück, weit weg vom schaffenden, zu einer dumpfen Beschränkung. Von dort sehe ich nur eine Menge von armseligen und zerstörerischen Menschen, die die Strasse blockieren.

2:143

DAS GROSSE KROKODIL

Ich erzähle denen um mich herum, dass, wenn du dich vom Kern, von deiner Seele, abwendest – dem Sitz der Herrlichkeit, wie sie genannt wurde –, du in einen leblosen Rauschzustand verfallen wirst (50:19). Das grosse Krokodil kommt und zerschmettert dein Schiff. Die Augen gehen in eine Richtung, die Ohren in eine andere; deine Intelligenz verdreht sich quer gegen die Vernunft. Dieses Unglück kann jeden treffen.

Wenn deine Fähigkeit zu wählen zurückkehrt, wird deine Identität stärker werden; Ohr und Augen werden sich wieder gleich ausrichten, und du kannst wieder ein Freund, ein Liebender, ein Verehrer sein.

2:143–144

HEILUNG FÜR EINEN VERDORBENEN MAGEN

Der Sohn des Richters S'ad hatte übles Bauchweh. Er behandelte es mit Veilchenwurzeln mit Zucker. Dann trank er während einiger Tage Zuckerwasser und legte sich jeden Tag für eine gewisse Weile auf seinen Magen, damit sich die Flüssigkeit an der schmerzenden Stelle sammeln konnte. Nach einigen Tagen dieser Behandlung hörten die Krämpfe auf. Sein Bauch entspannte sich, und er war ohne Schmerz.

2:144

DIE TRAURIGKEIT MEINER MUTTER

Ein Musiker streicht über die Saiten; meine Mutter weint. Ich lege mich inmitten ihrer Traurigkeit nieder, in der Hoffnung, dass Gott mich schlafen lässt, aber die Entspannung kommt nicht. Meine Schlaflosigkeit und ihr Gefühl der Getrenntheit von der Gnade häufen ihren Schmerz auf meinen eigenen zerzausten Haufen.

2:145a

BÜSCHEL

Meine Vernunft, meine Wahrnehmung und mein Gedächtnis sind Blumenbüschel in der Hand des Geheimnisses. Du gibst ihnen Wert, Richtung und Form, so wie Du die Thora an Moses, den Koran an Mohammed, die Bergpredigt an Jesus und die Psalmen an David gegeben hast.

2:145b

EIN WENIG ZERSTOSSENER VOGELLEIM

Nuruldin ass vor dem Schlafen verschiedene Dinge. Er fühlte einen gewissen Druck auf seiner Brust sowie Fieber und Frösteln, gegen das er einen Gerstensud, viel Wasser, etwas zerstossenem Vogelleim, ein Stück der Brustbeere, Lilienwurzeln und Veilchenwurzel trank.

Er spürte, dass die Veilchenwurzel besonders half. Gewöhnlich ist ein Gerstensud nicht gut für Magenschmerzen. Er verursacht Verstopfung.

2:146

NICHT MEHR ALS EINE ENTE

Lasse los und lasse alles *durch* dich fliessen, was du *dein* geworden fühlst. Es kann ein Gedanke sein, eine Haltung oder etwas mehr Materielles, ein Haus, ein Pferd. Ist es nicht deutlich, dass die Existenz aus der Nichtexistenz kommt? Wir *wissen* das tief in uns, ohne es zu verstehen. Befreiung kommt aus dem Unsichtbaren. In jenem Augenblick gibt es keinen Platz für das Wie oder Warum.

Was wir tun können, ist *sehen*. Wir bewundern den wachsenden Garten, den verblassenden Himmel; wir schmecken das erblühende Gespräch. Alle Lieder und alle Bewegungen haben Zwecke, die wir nicht kennen, nicht mehr, als eine Ente ihr Glück erklären kann, wenn sie mit ihrem fröhlichen Körper in der Liebe eines Flusses schwimmt.

Sei im Sein eingetaucht, in diesem milden Wetter, mit entstehenden und erinnerten Freuden. Ganz hier, wirst du *vielleicht* einen Blick ins Andere werfen können und dessen Ganzheit dich erfüllen fühlen.

2:154–155

BAGHDAD UND DEIN KÖRPER

Ein Säugling kommt von seiner Mutter und weiss nichts von dieser oder der nächsten Welt. Er oder sie wächst heran und beginnt langsam zu verstehen, was da geschieht. Du sprichst von der unsichtbaren Welt, aber das Kind erkennt davon nichts. Dies ist der reinste Abgrund der Empfängnis.

Propheten haben eine andere Sicht (32:23). Mohammed bewegte sich vom Sichtbaren zum Unsichtbaren und zurück ins Sichtbare. Er sieht seine persönliche Form und gleichzeitig die Essenz von allem Sein, Skelett und Seele. Dies mag als ein aufgeteilter Zustand erscheinen. Es ist, und es ist nicht.

Gehe auf den Schleiern, die unsere Sicht verdecken. Sich *hindurch* zu bewegen ist der längere Weg. Von oben siehst du Gott und das Universum als Eines. Wenn auch nur eine Sekunde der Vereinigung in einem Menschen stattgefunden hat, wie kann dann *Distanz* die Wahrheit sein? Jemand sagt dir: *Du musst nach Baghdad gehen.* Aber Baghdad und dein Körper sind bereits vereinigt. Du lebst in dieser Stadt.

2:156a

STARR UND ÄTHERISCH

Ich schaue auf den dichtgepackten Lehm, darin Erdschollen wie Steine, ich bin erstaunt über die wunderbare Vielfalt, die Gott daraus wachsen lässt; nicht nur Grünzeug, sondern unsere Leben, diese intelligenten Freundschaften und Liebe, Aufmerksamkeit und Seele, die Wasserflüsse im Untergrund – da gibt es so zahlreiche feine Ausflüsse und Leidenschaften, welche durch die harte Substanz dieser Hochlandwüste ausströmen. Denke an die dicken harten Blütenblätter, die sich um die feine Baumwollfaser schliessen.

Das Geheimnis ordnet, was steif und was ätherisch ist, so dass sie zusammenarbeiten. Wenn es einen Mangel an Dichte gibt, so wird Poröses in Ziegelförmiges ungewandelt, in der Art, wie feuchtes Klima ein verschlossenes Samenkorn löst, die Pflanze anschliessend aus diesem Samenkorn wächst und den umgebenden Regen aufsaugt und *in sich umschliesst.*

2:156b

EINE NACHTWACHE

Als ich auf Kinder aufpassen musste, war ich häufig niedergeschlagen und bestürzt.

Der Türke Khwarazmshah eroberte viele Gebiete mit Haushalten, Kindern, Edelleuten, Händlern und sogar Propheten. Aber anscheinend gibt es keinen Zweck für seine Machtübernahme. Erfolg mischte sich mit Unentschiedenheit, Verzögerung und verpasste Gelegenheiten bringen Unglück.

Ein Teufel mag mithören, wenn die Engel Pläne schmieden, aber seine Absichten sind von den ihrigen derart verschieden dass die vorgängige Kenntnis ihm keinen Vorteil gibt.

Ein Astronom, dessen Kenntnisse von einer vierstündigen Nachtwache mit Sternenbeobachtungen stammen, schlägt nun eine Theorie für das ganze Universum vor.

2:157

WIE LEBEND WILLST DU SEIN

Würde eine Bratpfanne die Sonne fragen: Warum bist du so hell und ich so dunkel? Das ist einfach die vorgeschriebene Art und Weise (6:96). Ich betete und erzählte Gott, wie dieses Leben wahr und zuverlässig ist.

Wo immer du gewiss bist, wird sich in deinem Wissen ein Feuer entzünden, ein Leben, und verschiedene Körperteile erzittern mit Lob. Wie lebend willst du sein?

Geist und Unterscheidungsvermögen kommen zusammen; die zwingende Kraft entsteht. Der Wüstenberg im Sinai wird zu einer leuchtenden Membran, als Moses dorthin geht. Salomons Bewusstsein erhebt sich und leuchtet den Vögeln, wohin auch immer sie gehen. Es gibt Wesen, die leben, weil es andere Wesen mit Licht gibt, und es gibt Wesen, die sterben, weil jemand seine Lampe hat erlöschen lassen.

2:159

BEMERKUNGEN ZU WUNDERN

Sharaf Sagzi sagte, dass alte Leute, die zusammenkommen und sich zusammensetzen, oft reden, ohne zu sprechen. Sie verstehen einander innerlich. So wissen sie zum Beispiel intuitiv, dass Frauen kein Verlangen nach Sex mit anderen Frauen haben, und andere ähnliche Sachen.

Es gibt zahlreiche Wunderberichte über geheilte Blinde, deren Sehkraft wiederhergestellt wurde, und über wiedergewonnene Lebenskraft. Als Joseph sich entschleierte, trat das Licht seines Gesichts, das *nur,* in das Auge eines Blinden ein, und der Mann konnte sehen. Ein blinder Mann kam eines Tages zu Mohammed und betete, geheilt zu werden, und er wurde es.

Joseph betete, und Zuleikha wurde wieder jung und hatte leuchtende Augen. Ein Mann sagte zu Mohammed, dass er sich vor Jahren verliebt hätte, er und seine Geliebte heute aber alt und gleichgültig gegeneinander seien. Der Prophet betete, und die Liebenden wurden wieder jung und leidenschaftlich.

Ein eindringendes Hirtenvolk trieb das Vieh von Lot auf felsiges Gebiet, wo es nichts zu fressen gab. Lot betete, und die Steine wurden weich, feucht und fruchtbar. Saftiges Gras erschien für die Tiere. Lot warf Steine gegen die Eroberer, und sie wurden blind.

2:164

ZWEI TRÄUME

Neulich der Traum eines Türken: Tausend Männer in Weiss stehen hinter Bahauddin, als er das Freitagsgebet leitet. Sie wollen sich in einem Kreis um ihn verteilen, aber andere drängen sie, dort zu bleiben, wo sie sind, mit der Begründung, dass bei der Teilnahme am Gebet in dieser Anordnung sie Gerechtigkeit und Gnade am Tag des Jüngsten Gerichts erhalten würden.

Er träumte auch, dass ich in einem Gebäude mit einer grossen Menschenmenge sei. Ich kannte seine Abmessungen nicht. Ich hielt ein langes Seil, das sich, ausgehend von hier, wo ich das Ende hielt und das ich verflocht, rückwärts in eine endlose Distanz ausdehnte und sich mit mir fortbewegte.

BESITZEN IST UNMENSCHLICH

Wenn du nichts zu tun hast oder dich durch die Umstände blockiert fühlst, wenn du fühlst, als hättest du kein Leben, geh zu dem Einen, der sich in der Bewegung und in aller Arbeit bewegt (55:29). Der Vollbringer *und Vollender* des Universums. Hunderttausend Wunder, hunderttausend Städte.

Schaue diese Türen und Mauern an, die Luft; jeder geschaffene Gegenstand hatte früher Lebhaftigkeit, Bewusstsein und Geist. Eines Tages wird jeder diese lebendigen Eigenschaften wiederhaben. Betrachte diese Dinge als gute Freunde, Liebende, als eine Stadt, eine Gemeinschaft, in der du dein ganzes Leben verbracht hast und dich glücklich fühlst, sie um dich zu haben.

Einen Teil der Welt zu *besitzen* ist unmenschlich, während *nicht* nach einem Stück davon zu greifen die Essenz des menschlichen Seins ist. Ein mögliches Ereignis ist ein Hundekampf. Ein anderes ein scheinbarer Kampf, wo jemand all seinen Reichtum ausgibt, um viele Freunde in der Nähe zu haben. Eine friedlichere Art ist die Liebe, die Mann und Frau in der Familie teilen, die Aufmerksamkeit, die sie füreinander und für die Kinder haben. Ihre Sorgen über Gesundheit und Tod, über ihre eigene Wertlosigkeit und ob sie die Kinder verwöhnen. Diese Bescheidenheit ist gesunder Verstand. Wenn du kein gutes Ergebnis aus deiner Arbeit hervorgehen siehst, bleibe unerschütterlich und unwissend wie der Esel, der eine Last auf seinem Rücken trägt, von deren Wert er keine Ahnung hat. Er trottet unverdrossen weiter und erwartet seine Futterzeit.

Niemand weiss, was warme Winde bringen oder kalte, wem sie helfen oder wen betrüben können. Es gibt nichts auf dieser Welt und nichts in der Erfahrung, das sich nicht zum Guten verändern kann oder zum Schädlichen, in einem Augenblick. Sogar jeder der neunundneunzig Namen, die

Eigenschaften Gottes, bergen in sich Gnade wie auch Zorn. Das Abscheuliche wird mit rauer Hand zurückgewiesen, das Liebliche mit zarter näher gezogen.

2:167

VERBINDENDE EMPFINDUNG

Wenn die Geschöpfe keine verbindende Empfindung mit Gott haben, wie können sie sich der Gegenwärtigkeit hingeben, in ihr verweilen und sich daran erfreuen, so wie sie es tun?

Die Offenbarung kommt: Die Schöpfung wird davon hergeleitet, so ist jedes Ding innerhalb dieser friedlichen Freundschaft.

Tiere, Menschen, Vögel, Insekten, alles lebt innerhalb von Gottes Eigenschaften. Da gibt es eine Zahmheit, die in der Wildheit beglichen wird. Jede Bewegung des Zusammenziehens, in Lust oder Liebe, für Gesellschaft oder Gespräch, am Tisch Geheimnisse erzählend, lachend auf der Strasse miteinander gehend, all dies findet statt im Innern des Geheimnisses von 2:255, welches sagt: Es gibt ein lebendes Wesen, nur eines.

2:174–175

KREISBAHN DER AUFMERKSAMKEIT

Ein Diener des Geheimnisses sieht die Schönheit und die Gnade und als Gegenstück seine eigene Hilflosigkeit und Feigheit. Er weiss, wie hässlich und verdreht er werden kann. Worauf wir aufmerksam sind, davon werden wir Teil. Wenn du einen Hund bemerkst, so trittst du in ein Hundeleben ein. Du hast mir deine Katze gezeigt, und so *werde* ich deine Katze sein. Wenn du eine Wunde mit austretendem Eiter und gerinnendem Blut anschaust, sage: Ich bin dieses Blut. Bei einem Garten bin ich diese Blumen. Bei einer Frau:

Ich bin Gottes Liebhaber. Bei der unvergleichlichen Weite: bin ich jene. Bei der erbärmlichsten, herzensbrechenden Dummheit: bin ich diese. Prophetische Ausstrahlung, selbstverständlich.

Kreisbahnen der Aufmerksamkeit führen dich durch viele Identitäten. Sei nicht überrascht, was du alles werden kannst.

2:176

WECHSEL DER SCHULE

Fakhruddin, Sohn von Scheich Taaj, sagt, dass Jalaluddin zu einer bedeutenden Sufi-Loge ging, dann dort wegging, um in der Lerngemeinschaft an der Motawakkel-Strasse teilzunehmen, wo er nun über seinen Schulwechsel befragt wird.

Zu viele Wiederholungen der Formeln, *alhamdulillah* und *bismillah,* alles Lob für Gott, im Namen Gottes.

Gut, dann solltest du zu mir kommen, sagt Fakhr Qallasi. Ich habe eine Gemeinschaft, in der wir nie etwas loben. Wir erwähnen Gott nie. Du wirst es schätzen. Es gibt keine Gebete, keine rituelle Reinigung, kein Niederknien, nichts. Es ist sehr ruhig.

2:179

PLANETEN UND PFLANZEN

Bei den Sternen, die weggehen und wiederkommen (86:11), bei dem Boden, der sich öffnet, um die Pflanzen wachsen zu lassen (86:12), Planeten sind sowohl Sterne wie auch Pflanzen. Sie öffnen, damit uns Sternenlicht hier erreicht, und Pflanzen sind wie planetarische Körper, die sich durch die Jahreszeiten bewegen, und niemand weiss, wohin sie gehen, wenn sie sterben.

Jemand wacht im Morgengrauen verwirrt auf. Warum soll der Himmel die Ursache und die Erde die Wirkung sein? Warum nicht umgekehrt?

Jeder Stern ist ein Blattspitz am Himmelsbaum, diese Blätter sind von der Grösse eines Landes, mit dem Nachthimmel, der sich unter dem Blatt der Sonne dreht. Es wird im Geist keine Überraschung sein, wenn eine grosse Versammlung unter einem Blatt zusammenkommt, dort, wo die Blätter ein Mehrfaches der Grösse des Universums haben.

2:181–182

FRÜHLING 1210

Richter Fazari träumt von Bahauddin hoch in der Luft, wo er der Menge den Satz erklärt: Der Herr auf dem Thron der Herrlichkeit (85:15).

Zwei Männer türkischer Abstammung erzählen, dass ein kranker junger Mann einen Wachtraum von Elijah und Khidr hatte. Sie kamen zu ihm durch eine Öffnung in der Mauer mit der Nachricht: *Gehe zu Bahauddin und sage ihm, dass der König von Wahksh noch einmal zehn Jahre regieren wird. Dann wird die Monarchie an Qelej Takon und nicht an Yegan Takon gehen.*

Dies geschah im Frühling 1210.

EDITION SHERSHIR

Die Edition Shershir veröffentlicht herausragende Sufi-Texte in zeitgemässen und anspruchsvollen Übertragungen. Das aktuelle wie das kommende Programm beinhaltet islamische Mystik von so bekannten Autoren wie Jelaladdin Rumi, Ibn 'Arabi oder Suhrawardi:

2012 ERSCHIENEN

Coleman Barks
John Moyne
»Bahauddin (Vater von Rumi) – Das versenkte Buch«

William C. Chittick
»Ibn 'Arabi – Das Erbe der Propheten«

IN VORBEREITUNG

William C. Chittick
»Ibn Arabi – Bildhafte Welten«

Suhrawardi
»Die Gestalt des Lichts«

Jelaladdin Rumi
»Masnavi«
»Rubais«
»Diwan-i Kebir«

Die genauen Erscheinungsdaten sowie weitere Titel entnehmen Sie bitte unserer Website: www.shershir.ch